Impressum
Verlag: BABADADA GmbH, Nedderfeld 112 , 22529 Hamburg
Geschäftsführer / Verlagsleitung: Harald Hof
Druck: Books on Demand GmbH, In de Tarpen 42, 22848 Norderstedt

Imprint
Publisher: BABADADA GmbH, Nedderfeld 112 , 22529 Hamburg, Germany
Managing Director / Publishing direction: Harald Hof
Print: Books on Demand GmbH, In de Tarpen 42, 22848 Norderstedt

xikolo

escola

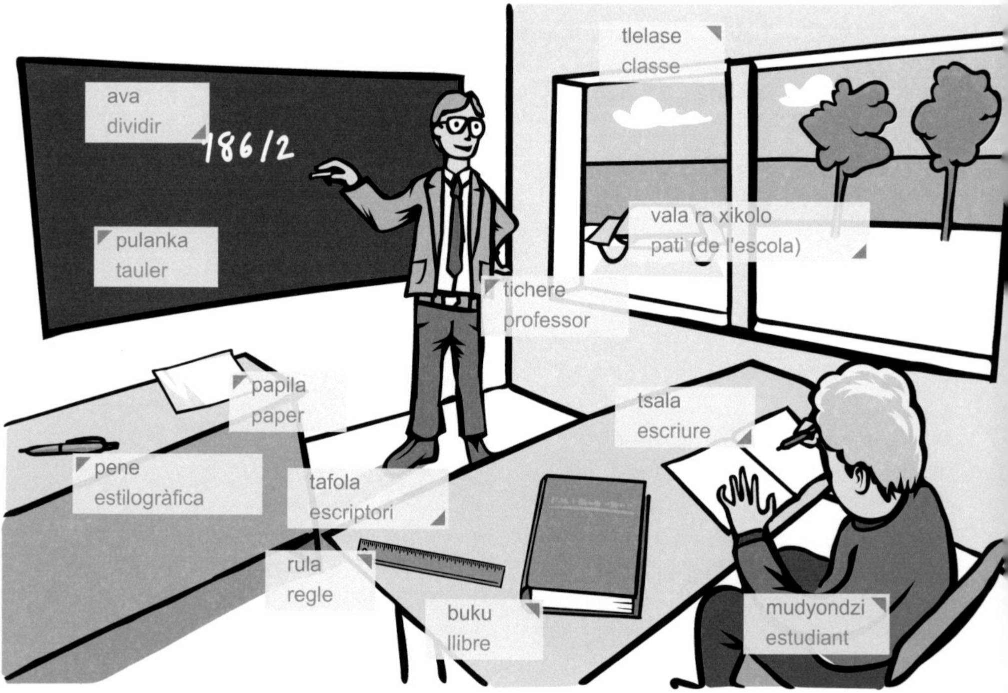
tlelase
classe
ava
dividir
186/2
pulanka
tauler
vala ra xikolo
pati (de l'escola)
tichere
professor
papila
paper
tsala
escriure
pene
estilogràfica
tafola
escriptori
rula
regle
buku
llibre
mudyondzi
estudiant

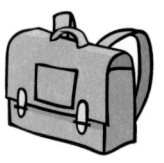

xinkwamana

bossa

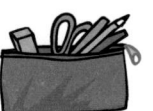

bokisi ra tipensele

estoig

pensele

llapis

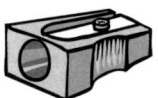

muchini wo vatla tipensele

maquineta de fer punta

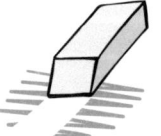

rhaba

goma

papilo ro dirowa

bloc de dibuix

xifaniso lexi diroweke
dibuix

burachi ro penda
pinzell

bokisi ro penda
capsa de pintures

xikero
tisores

xidamarheti
cola

buku ya xikolo
quadern d'exercicis

ntirho wa le kaya
deures

nombhoro
nombre

engeta
afegir

susa
sostreure

andzisa
multiplicar

hlaya
calcular

letere
lletra

maletere
alfabet

rito
mot

rungula

text

hlaya

llegir

choko

guix

dyondzo

lliçó

tsarisa

llibre de classe

xikambelo

examen

xitifiketi

certificat

swiambalo swa xikolo

uniforme escolar

dyondzo

formació

nsonga-vutivi

enciclopèdia

univhesiti

universitat

makhiriskopu

microscopi

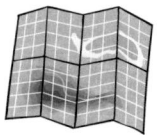

mepe

mapa

xikotela xo lahla maphepha

paperera

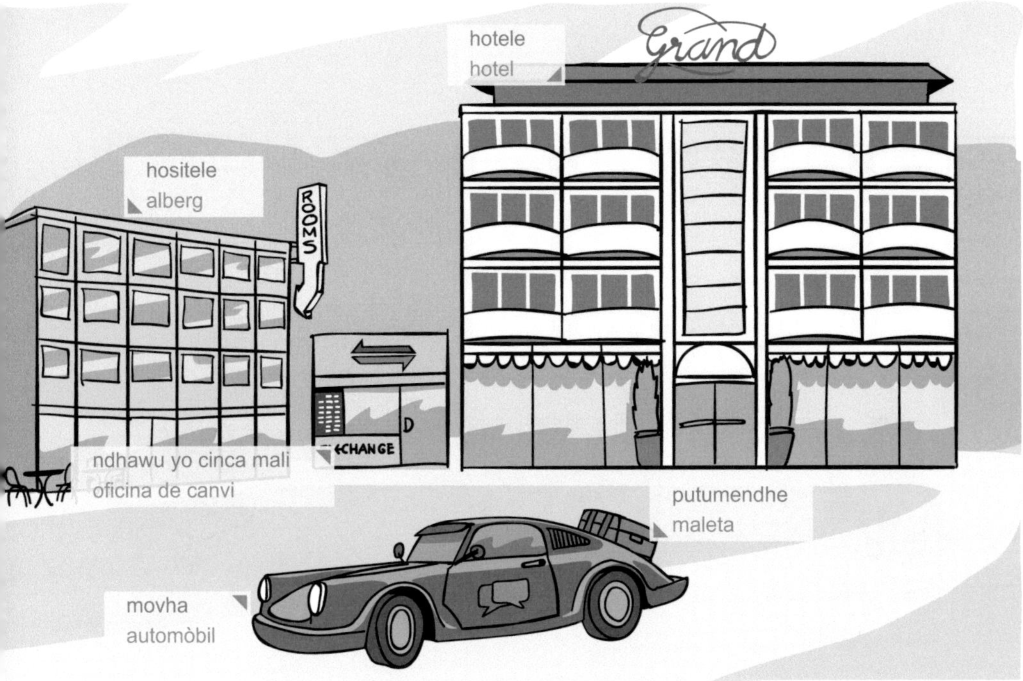

hotele
hotel
Grand
hositele
alberg
ROOMS
ndhawu yo cinca mali
oficina de canvi
EXCHANGE
putumendhe
maleta
movha
automòbil

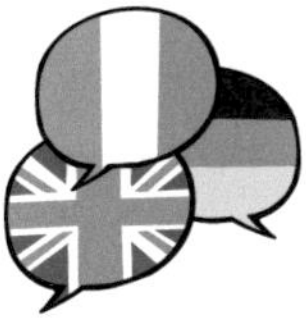

ririmi

llengua

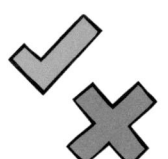

ina / e-e

sí / no

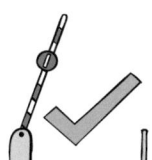

Swikahle

D'acord

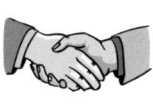

ahe

Ey!

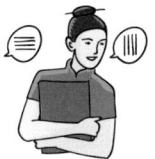

muhundzuluxeri

traductora

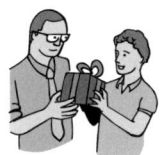

Ndza khensa

gràcies

ivungani…?

Quant costa… ?

Andzi twisisi

No entenc

nkinga

problema

Riperile!

Bona nit!

Maxelo ya kahle!

bon dia!

Vusiku bya kahle!

bona nit!

sala kahle

fins aviat

nkongomiso

direcció

mindzhwalo

bagatge

nkwama

bossa

nkwama

sarrona

muendzi

convidat

kamara

cambra

nkwama wo etlela

sac de dormir

tende

tenda

vuxokoxoko bya vaendzi

oficina de turisme

ribuwa

platja

khadi ra xikweleti

carta de crèdit

xifihlulo

esmorzar

swakudya swa ninhlekani

dinar

swakudya swa nimadyambu

sopar

thikithi

bitllet

kheshe

ascensor

xitempe

segell

ndzilakana

frontera

mikhuva

duana

hovisi ya vuyimeri ya tiko

ambaixada

visa

visat

pasi ro endza

passaport

swilo swo famba

transport

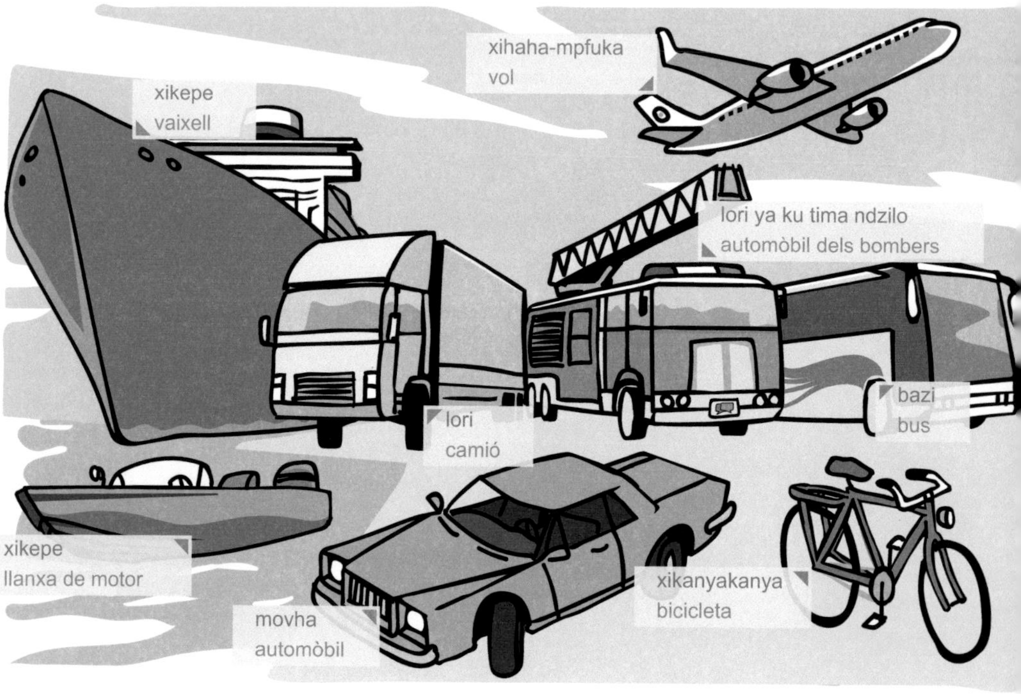
xihaha-mpfuka
vol
xikepe
vaixell
lori ya ku tima ndzilo
automòbil dels bombers
lori
camió
bazi
bus
xikepe
llanxa de motor
xikanyakanya
bicicleta
movha
automòbil

xikepe

transbordador

xikepe

barca

xithuthuthu

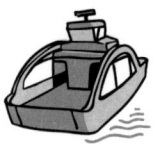

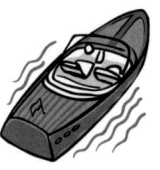

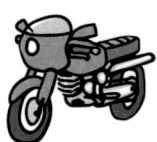

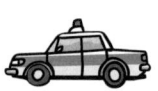

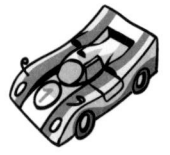

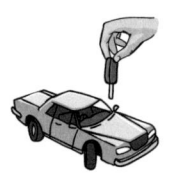

moto

movha wa maphorisa

automòbil de policia

movha wa mphikizano

automòbil de curses

movha yo lombiwa

automòbil de lloguer

ku avelana hi movha

vehicle compartit

lori yo koka timovha

grua

lori yo rhwala chaka

camió de les escombraries

njhini

motor

mafurha

benzina

ndhawu yo xavisa petirolo

benzineria

mpfungo wa le patwini

senyal de trànsit

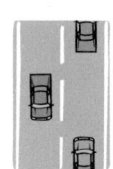

mafambelo ya mimovha

trànsit

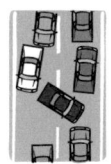

ntlimbano wa timovha

embús

phaki ya timovha

aparcament

xitichi xa xitimela

estació de trens

mintila

vies

xitimela

tren

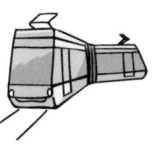

banzi leri fambaka
exiporweni

tramvia

kalichi

vagó

xihaha-mpfuka-phatsa

helicòpter

rivala ra siwhaha-mpfuka

aeroport

xihondzo

torre

mukhandziyi

passatger

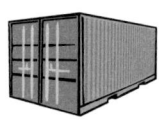

bokisi

contenidor

bokisi

capsa de cartó

kalichi

carretó

xirhundzi

cistella

suka / tshama

enlairar-se / aterrar

doroba

ciutat

muti

poble

nkava wa doroba

centre de la ciutat

yindlu

casa

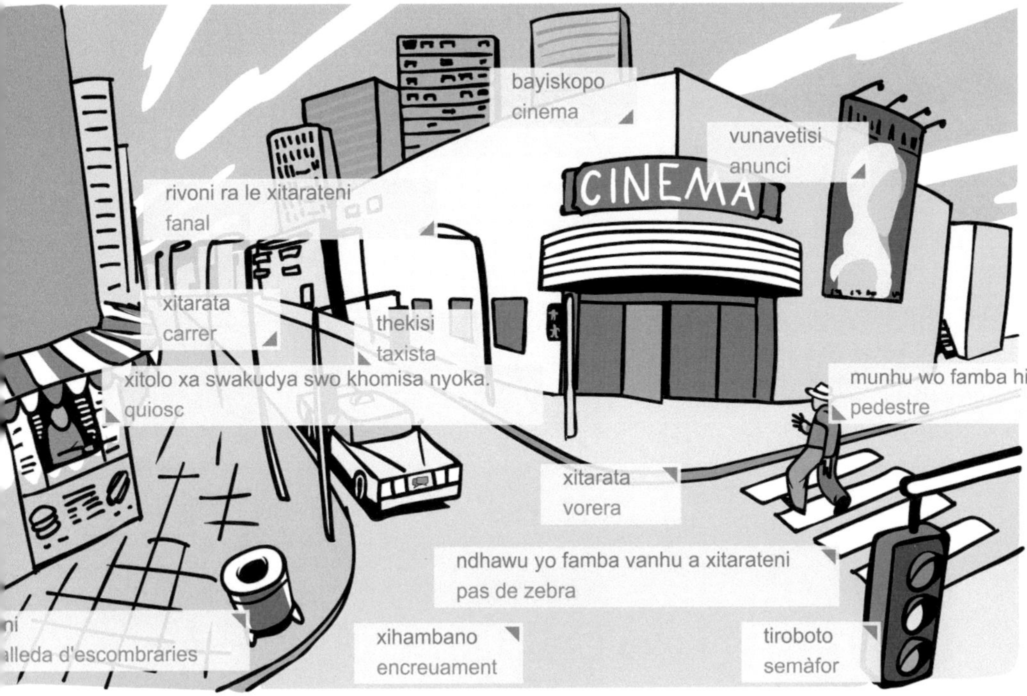

bayiskopo
cinema
vunavetisi
anunci
CINEMA
rivoni ra le xitarateni
fanal
xitarata
carrer
thekisi
taxista
xitolo xa swakudya swo khomisa nyoka.
quiosc
munhu wo famba hi
pedestre
xitarata
vorera
ndhawu yo famba vanhu a xitarateni
pas de zebra
ni
lleda d'escombraries
xihambano
encreuament
tiroboto
semàfor

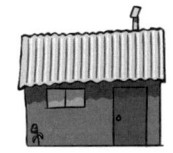

xiyindlwana xa byanyi

cabana

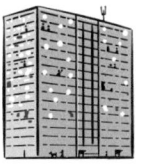

yindlu

apartament

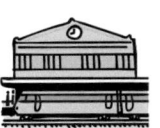

xitichi xa xitimela

estació de trens

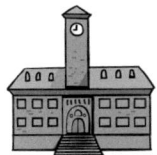

holo ya vanhu

casa de la vila-ciutat

MUSEUM

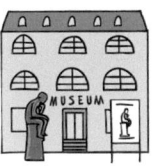

muziyamu

museu

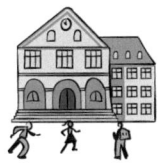

xikolo

escola

univhesiti

universitat

bangi

banca

xibedlhele

hospital

hotele

hotel

xitolo xa miri

farmàcia

hofisi

oficina

xitolo xa tibuku

llibreria

xitolo

botiga

xitolo xa swiluva

floristeria

xitolo le xikulu swinene

supermercat

makete

mercat

xitolo le xikulu

gran magatzem

xitolo xa tinhlampfi.

peixateria

ndhawu ya switolo

centre comercial

hlaluko

port

phaka

parc

bence

banc

buloho

pont

switepisi

escala

ehansi ka misava

metro

muhocho

túnel

xitichi xa tibanzi

parada d'autobús

barha

bar

rhesiturente

restaurant

bokisi ra poso

bústia de correu

mfungho wa xitarata

senyal indicador

muchini wa mali ya ku phaka

parquímetre

ntanga wa swiharhi

zoo

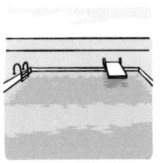

damu ro xambela

piscina

mosque

mesquita

purasi
granja

nthyakiso
pol·lució

masirha
cementiri

kereke
església

rivala ra mintlangu
parc infantil

tempele
temple

ndhawu

paisatge

tluka
fulla

mfungho wa gondzo
cartell indicador

ndlela
camí

byanyi byo tala
prat

ribye
pedra

munhu wo khandziya tintshava
excursionista

murhi
arbre

nambu
riu

byanyi
gespa

xiluva
flor

nkova

vall

xitsunga

muntanya

tiva

llac

khwati

bosc

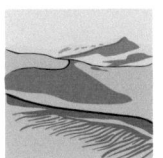

mananga

desert

volkheno

volcà

ntsinda

castell

nkwangulatilo

arc de Sant Martí

swikowa

bolet

murhi wa nchindzu

palmera

nsuna

moscard

haha

mosca

vusokoti

formiga

nyoxi

abella

puma

aranya

xifufunhunu

escarabat

chele

granota

maxindyana

esquirol

nhloni

eriçó

mfundla

llebre

xikhova

òliba

xinyenyane

ocell

sekwa

cigne

ngluve ya nhova

senglar

mhunti

cervo

mhofu

ant

damu

presa

xipelupelu xa moya

turbina

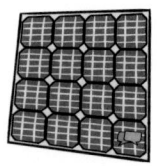

bodo leyi tswongaka kuhisa ka dyambu

panell solar

maxelo

clima

rhesiturente
restaurant

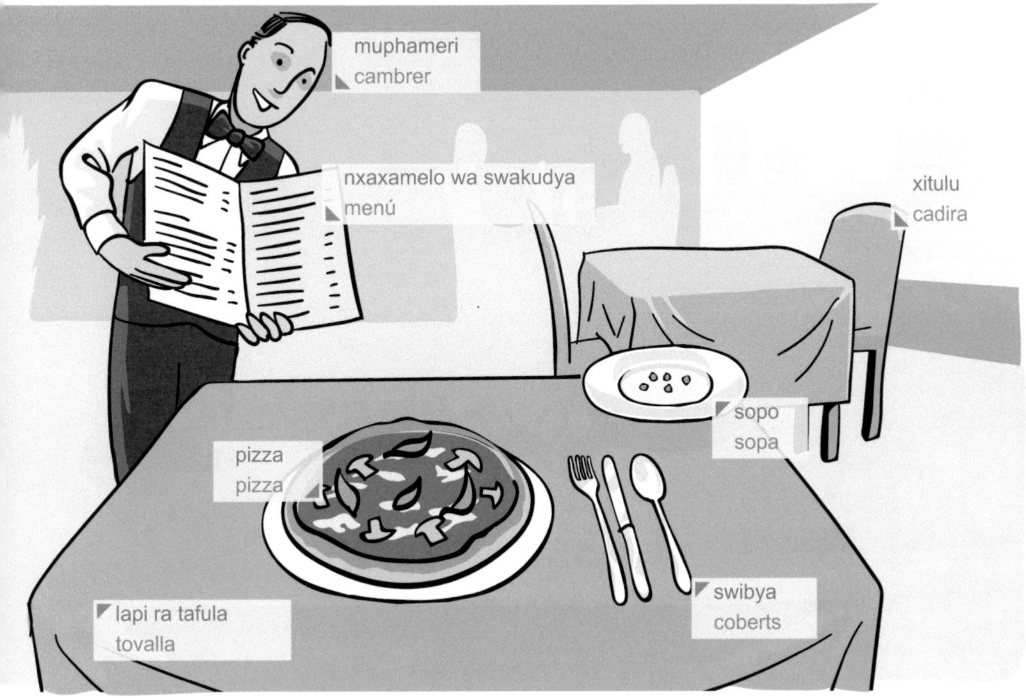
muphameri
cambrer
nxaxamelo wa swakudya
menú
xitulu
cadira
sopo
sopa
pizza
pizza
swibya
coberts
lapi ra tafula
tovalla

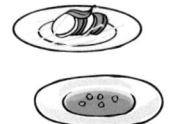

swakudya swa ku naveta

primer plat

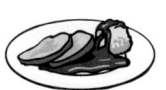

swakudya

plat principal

swo rhelerisa

darreries

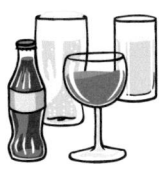

swakunwa

begudes

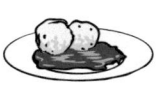

swakudya

menjar

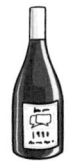

bodlhela

ampolla

swakudya swa xihatla

menjar ràpid

swakudya swa le ndleleni

menjar de carrer

mbita ya tiya

tetera

xibye xa chukela

sucrer

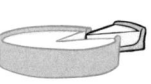

xiphemu

porció

muchini wa espresso

màquina d'espresso

xitulu xa le henhla

trona

swikweleti

factura

thireyi

plata

mukwana

ganivet

foroko

forqueta

lepula

cullera

xilepulana

cullereta

phepha ro sula nomu

tovalló

nghilazi

got

rhesiturente - restaurant

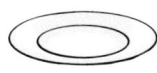

pleti

plat

pleti ya sopo

plat de sopa

sosara

plateret

murhu

salsa

xilo xo chele munyu

saler

xilo xo gaya

molinet de pebre

vhiniga

vinagre

mafurha

oli

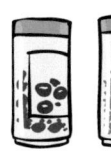

swinyunyeteri

espècies

ketchup

quètxup

mustard

mostassa

mayonasi

maionesa

xitolo le xikulu swinene

supermercat

nyiko yo hlawuleka
oferta especial
FOR
muxavi
client
ntsamba
productes lactis
mihandzu
fruites
xikocikara
carret de la compra

BUTCHERS

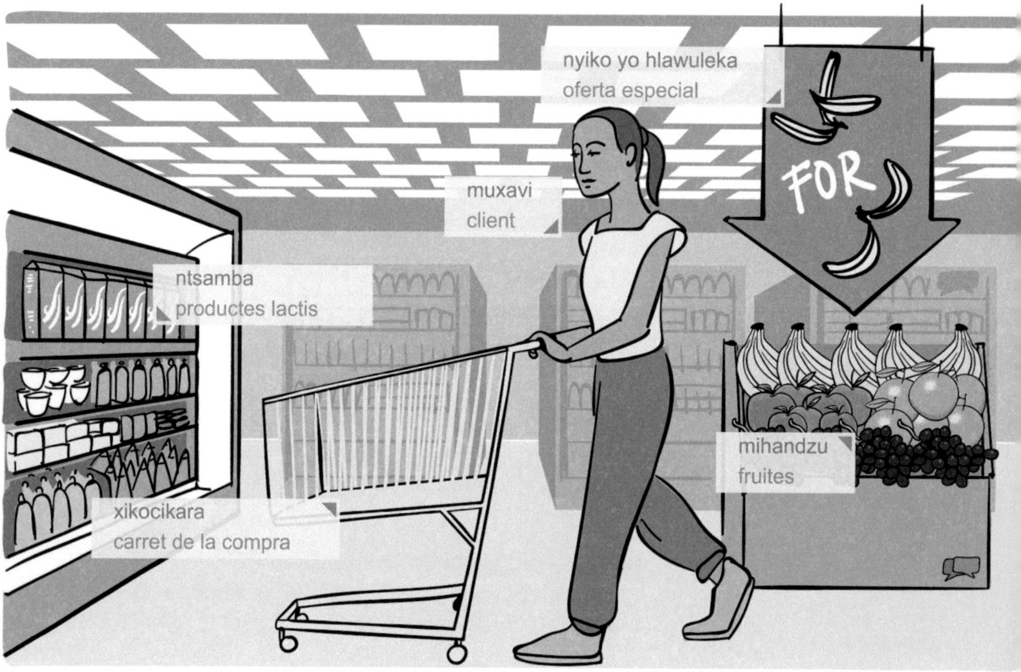

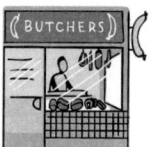

buchara

carnisseria

BAKERY

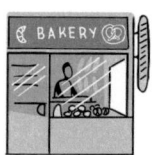

bekari

forn de pa

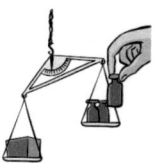

ringanyeta

pesar

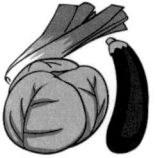

swimila

verdures

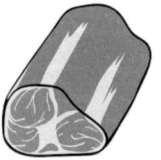

nyama

carn

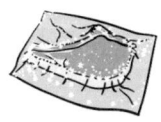

swakudya swo titimela

menjar congelat

nyama

carn freda

swakudya leswi nga thinini

conserves

mapa yo hlanswa

detergent en pols

malekere

dolços

switirhisiwa swa le ndlwini

articles domèstics

swilo swo basisa

productes de neteja

munhu wo xavisa

venedora

thili

caixa registradora

muamukeli wa timali

caixera

nxaxamelo wa swo xaviwa

llista de la compra

nkarhi wa ku tirha

horari d'obertura

nkwama wa mali

portamonedes

khadi ra xikweleti

carta de crèdit

nkwama

bossa

nkwama wa pulasitiki

bossa de plàstic

xitolo le xikulu swinene - supermercat

mati

aigua

ntsutsu

suc

meleke

llet

coke

coca-cola

vhinyo

vi

byalwa

cervesa

byala

alcohol

cocoa

cacau

tiya

te

kofi

cafè

espresso

espresso

cappuccino

cappuccino

banana

banana

apula

poma

lamula

taronja

kalabatla

sindria

swiri

llimona

kherotsi

pastanaga

swinyalana

all

musengele

bambú

nyala

ceba

swikowa

bolet

timanga

avellanes

makaroni ya nyama

fideus

spaghetti

espaguetis

rhayisi

arròs

saladi

amanida

machipisi

patates fregides

nhlata wo katingiwa

patates fregides

pizza

pizza

hamburger

hamburguesa

xinkwa

entrepà

cutlet

escalopa

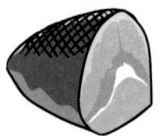

ham

cuixot

salami

salami

soseji

salsitxa

huku

pollastre

katinga

rostit

hlampfi

peix

oats
flocs de civada

muesli
musli

rivele-ndzoho
cereals

filawa
farina

bantsi
croissant

xinkwa
panet

xinkwa
pa

xinkwa xo oxiwa
torrada

makokisi
bescuits

botere
mantega

ribomba ra tswamba
mató

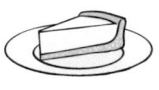

khekhe
pastís

tandza
ou

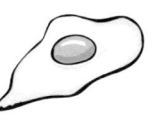

matandza lama katingiweke
ou fregit

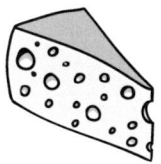

chizi
formatge

ayisi khrimi

gelat

chukela

sucre

vulombe

mel

jamu

melmelada

botere ya chokoleti

crema de xocolata

curry

curri

purasi
granja

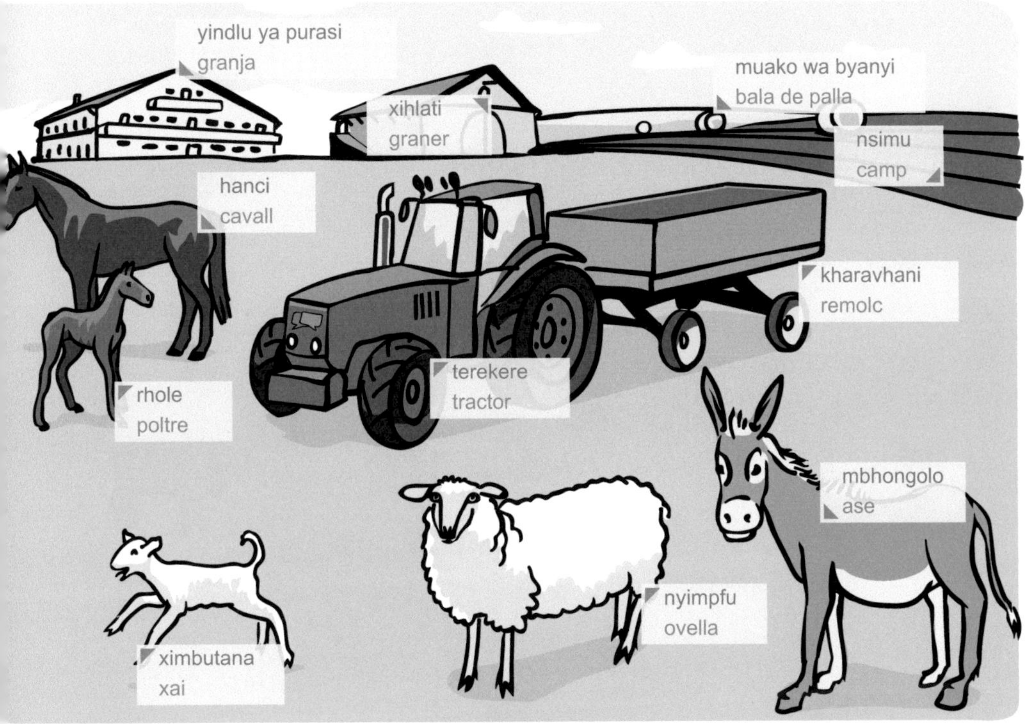
yindlu ya purasi
granja
xihlati
graner
muako wa byanyi
bala de palla
nsimu
camp
hanci
cavall
kharavhani
remolc
terekere
tractor
rhole
poltre
mbhongolo
ase
nyimpfu
ovella
ximbutana
xai

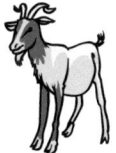

mhunti

cabra

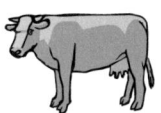

homu

vaca

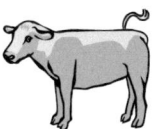

rhole

vedella

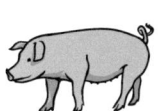

nguluve

porc

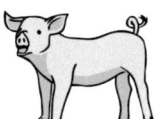

xingulubyana

garrí

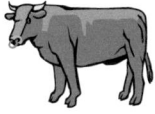

nkuzi

bou

sekwa

oca

sweka

ànec

xikukwana

poll

mbhaha

gall

nkuku

gallina

kondlo

rata

ximanga

gat

kondlo

ratolí

homu

bou

mbyana

gos

yindlu ya mbyana

gossera

payipi ya mati

mànega de regar

xilo xo chelela mati

regadora

nsimbi yo tsema

dalla

xikomu

arada

sikele

falç

xikomu

aixada

foroko le yikulu

forca

xihloka

destral

bara

carretó

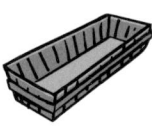

xitsengele

abeurador

xilo xo chela ntswamba

lletera

saka

sac

rirhangu

tanca

xivala

establa

yindlu ya vuhlayiselo bya
swimilana

hivernacle

misava

sòl

mbewu

llavor

swinonisi

adob

muchini wa ku tshovela

collidora

tshovela

collir

ntshovelo

collita

mintsumbula

nyam

koroni

blat

tinyawa

soja

nhlata

patata

koroni

blat de moro o d'indi

rapeseed

colza

nsinya wa mihandzu

arbre fruiter

ntsumbula

mandioca

swakudya swa tidzoho

cereals

yindlu

casa

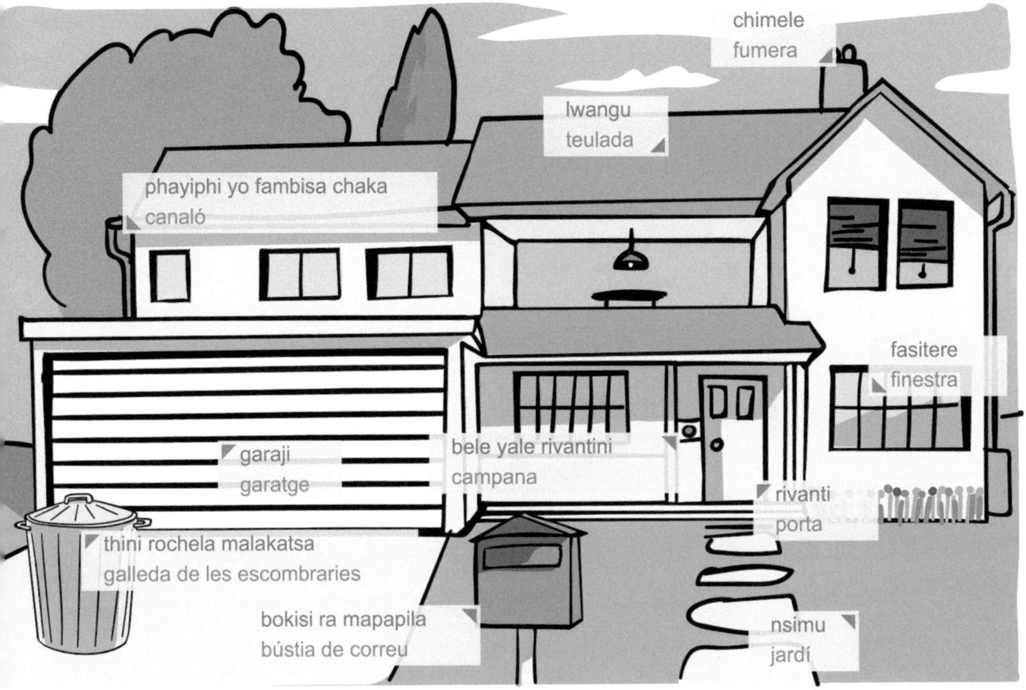
chimele
fumera
lwangu
teulada
phayiphi yo fambisa chaka
canaló
fasitere
finestra
garaji
garatge
bele yale rivantini
campana
rivanti
porta
thini rochela malakatsa
galleda de les escombraries
bokisi ra mapapila
bústia de correu
nsimu
jardí

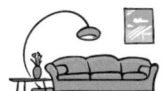

kamara ro tshama

sala d'estar

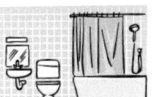

kamara yo hlambela

bany

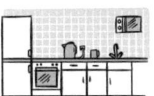

khishini

cuina

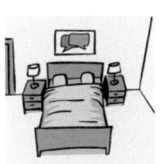

kamera ro etlela

cambra de dormir

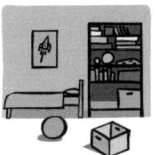

kamana ya vana

cambra de nen

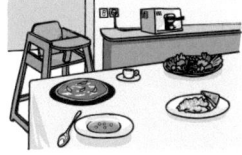

ndhawu yo dyela

menjador

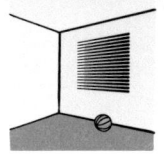

ehansi

sòl

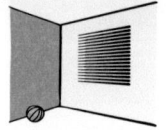

khumbi

paret

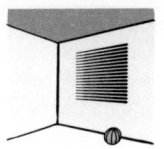

silingi

sostre

kamera ra le hansi

soterrani

phungula

sauna

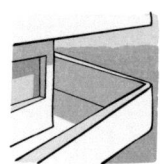

rikupakupa

balcó

tshala

terrassa

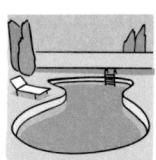

damu

piscina

muchini wo tsema byanyi

tallagespa

nkumba

vànova

swo andlalela mubedo

cobrellit

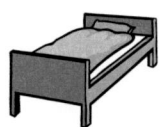

mubedo

llit

nkukulu

escombra

bakiti

galleda

swichi

interruptor

kamara ro tshama

sala d'estar

phepha ra le khumbini
paper de paret
xifaniso
quadre
rivoni
làmpada
xelufu
prestatge
khabodo
armari
thelevhixini
televisor
xitiko
escalfapanxes
xiluva
flor
xikhengele
coixí
sofa
sofà
mbita
gerro
xilawula-kule
telecomanda

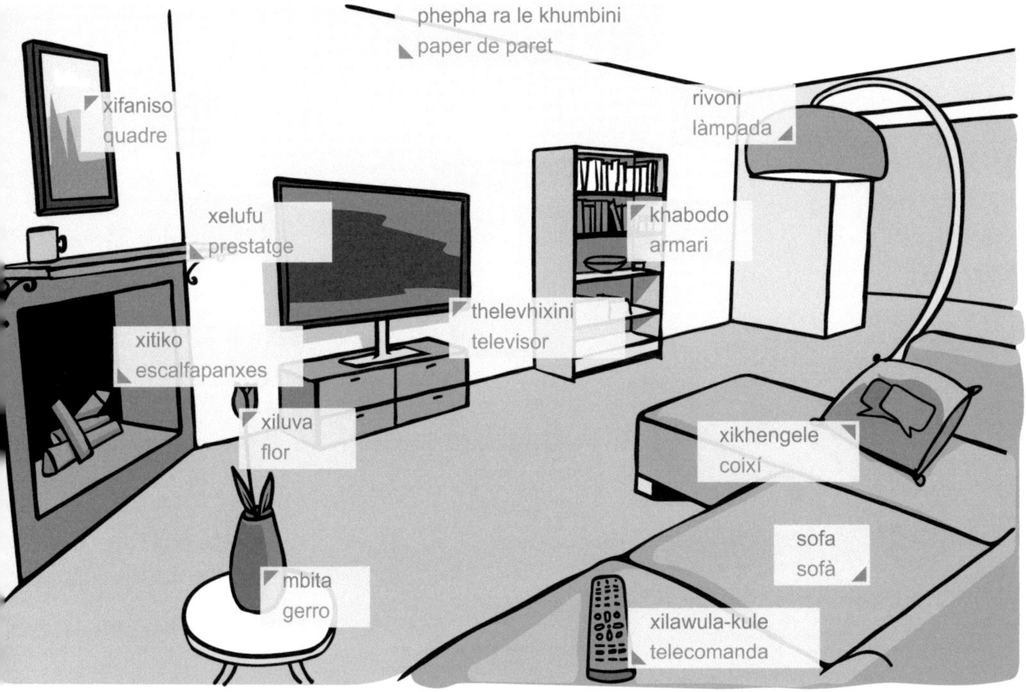

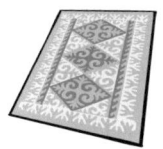

khapete

catifa

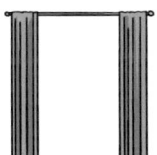

khethenisi

cortina

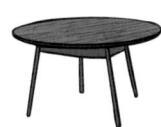

tafula

taula

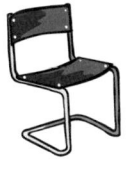

xitulu

cadira

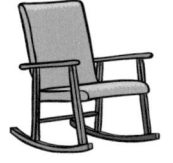

xitulu xo mbuwetela

cadira gronxadora

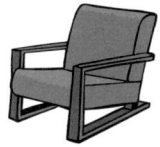

xitulu xo tlhandleka mavoko

cadiral

buku

llibre

nkumba

llençol

nkhaviso

decoració

tihunyi

llenya

filimi

film

muchini wa hi-fi

cadena de música

xinotlelo

clau

phepha-hungu

diari

xifaniso lexi vatliweke

pintura

bodo ya xifaniso

cartell

xiya-ni-moya

ràdio

buku yo tsala tinhla

bloc de notes

hoover

aspiradora

xiluva xa cactus

cactus

khandlela

candela

khishini
cuina

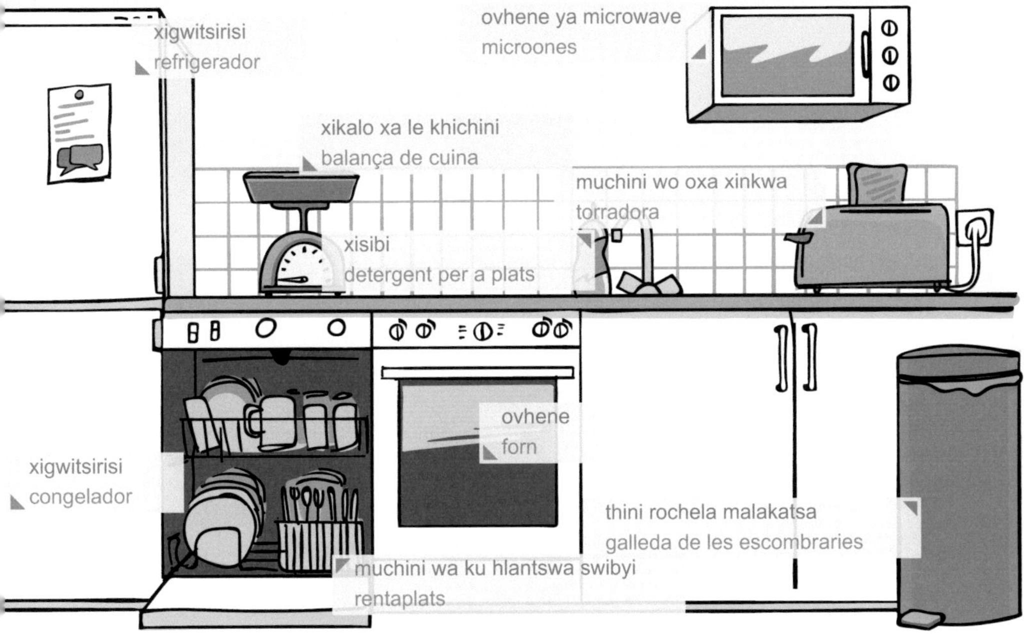
xigwitsirisi
refrigerador
ovhene ya microwave
microones
xikalo xa le khichini
balança de cuina
muchini wo oxa xinkwa
torradora
xisibi
detergent per a plats
ovhene
forn
xigwitsirisi
congelador
thini rochela malakatsa
galleda de les escombraries
muchini wa ku hlantswa swibyi
rentaplats

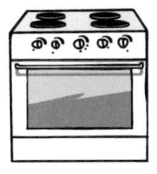

mosweki

cuina de fogons

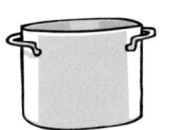

poto

olla

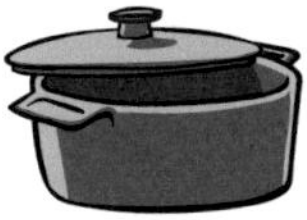

poto ra nsimbi

olla de ferro colat

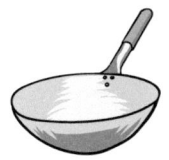

mbita yo swekela / kadai

wok / karahi

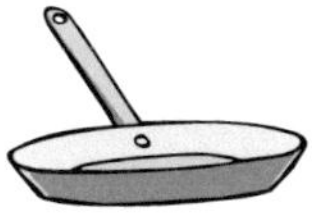

pani

paella

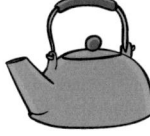

ketlele

bullidor

xo sweka hi nkahelo

olla de vapor

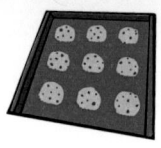

thireyi ya ku baka

plata de forn

swibya

vaixella

xikomichana

tassa grossa

ximbitana

bol

ti-chopstick

bastonets xinesos

xipunu

culler

spatula

espàtula

muchini wo hlanganisa

batedor

sefo

colador

xisefo

sedàs

xilo xo tsemelela

ratllador

xibye

morter

nyama yo oshiwa

barbacoa

ndzilo

foc a terra

khishini - cuina

bodo ya ku tsemelela

taula de tallar

mhandzi yo andlala fulawa

corró

xo pfula mabodlhela

llevataps

thini

pot de conserva

xo pfula mathini

obridor

xo khoma poto

agafador

zinki

aigüera

buracha

raspall

xiponci

esponja

xilo lexi hlanganiselaka

batedora

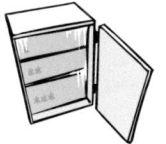

xigwitsirisi

congelador

bodlhela ra n'wana

biberó

pompi

aixeta

kamara yo hlambela

bany

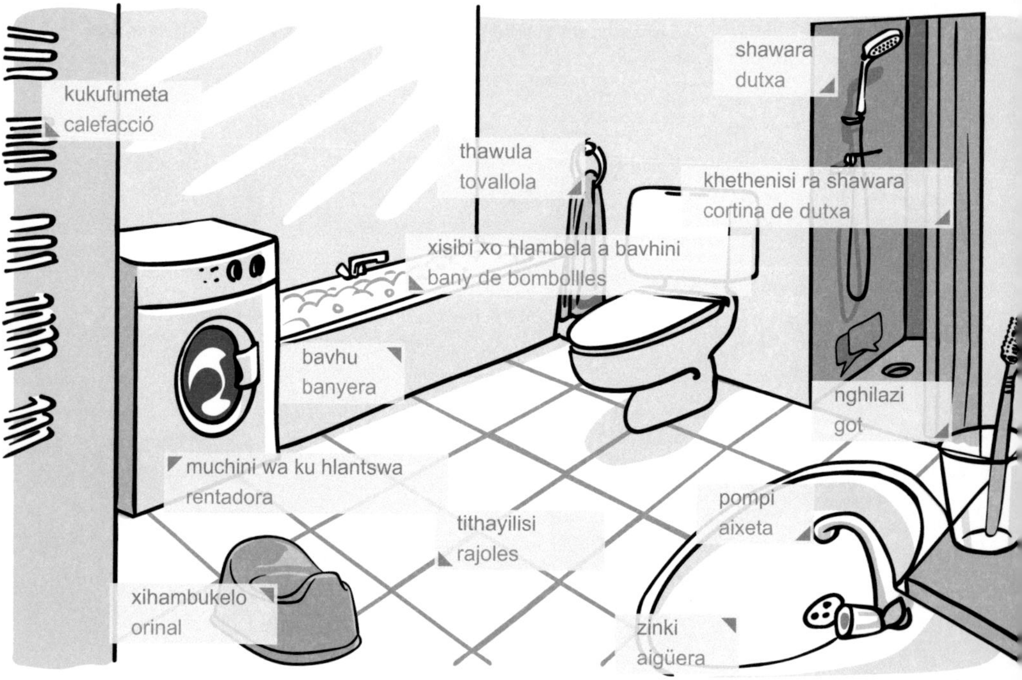
kukufumeta
calefacció
shawara
dutxa
thawula
tovallola
khethenisi ra shawara
cortina de dutxa
xisibi xo hlambela a bavhini
bany de bombolles
bavhu
banyera
nghilazi
got
muchini wa ku hlantswa
rentadora
pompi
aixeta
tithayilisi
rajoles
xihambukelo
orinal
zinki
aigüera

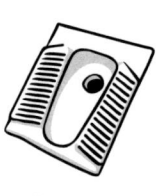

xihambukelo

lavabo

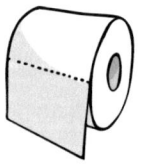

xihambukelo

lavabo turc

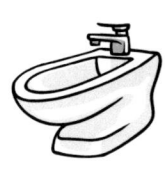

bidet

bidet

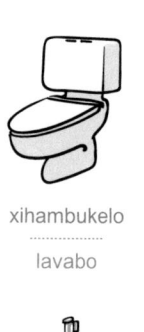

ndhawu yo tsakamisela

orinador

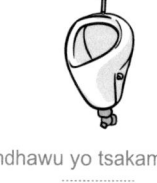

papila ra xihambukelo

paper higiènic

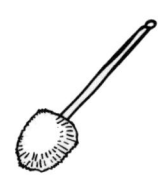

burachi bya xihambukelo

escombreta de sanitari

burachi bya meno

raspall de dents

xisibi xa meno

pasta de dents

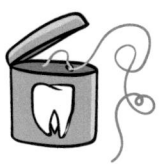

xo basisa exikarhi ka meno

fil dental

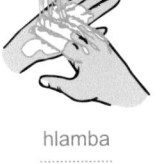

hlamba

rentar

xawara yo khomiwa hivoko

pom de dutxa

douche

dutxa íntima

xihlambelo

rentamans

buracha ra nhlana

raspall per a l'esquena

xisibi

sabó

xisibi xa xawara

gel de dutxa

shampoo

xampú

swilapana

manyopla de bany

xinambyana

bonera

rivomba

crema

xinhuherisi

desodorant

xivoni

mirall

xivoni xo khomiwa hivoko

mirall-espill de mà

rikarhi

maquineta de rasar

xisibi so susa malevu

espuma de barbejar

mafurha ya kutola loku u
heta ku tsemeta malevu

loció post-rasada

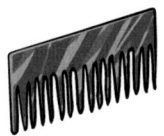

kama

pinta

buracha

raspall

muchini wo omisa mosisi

eixugador

mafurha yo tola mosisi

laca

xo tisasekisa

maquillatge

xotota nomo

pintallavis

xo tota minwala

esmalt d'ungles

kotoni

cotó

xo tsema minwala

tallaungles

xinhuherisi

perfum

nkwama wa le xihambukelweni

estoig de bellesa

nchuluko

tamboret

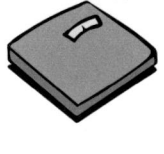

xikalo

bàscula

nguvu yo hlamba

barnús

tiglovhu ta raba

guants de goma

tampon

compresa higiènica

thawula ra ku basisa

compresa

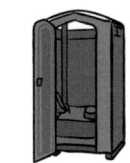

xihambukelo xa le handle

sanitari químic

kamana ya vana
cambra de nen

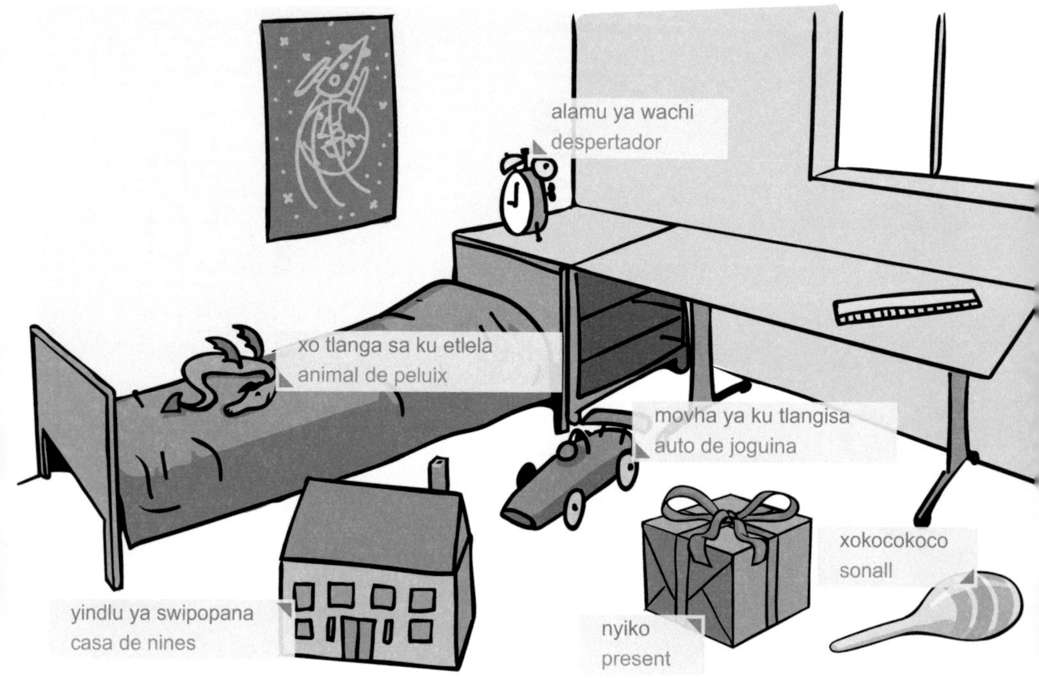
alamu ya wachi
despertador
xo tlanga sa ku etlela
animal de peluix
movha ya ku tlangisa
auto de joguina
xokocokoco
sonall
yindlu ya swipopana
casa de nines
nyiko
present

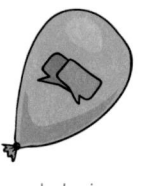

baluni

baló

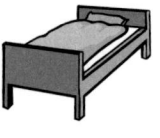

mubedo

llit

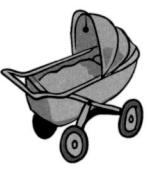

pureme

cotxet per a nens

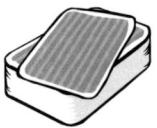

makhadi

joc de cartes

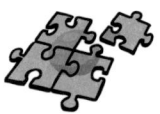

jigsaw

trencaclosca

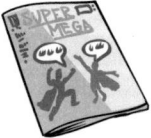

khomiki

historieta

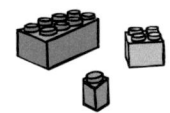

switina swa lego

peces de lego

swiaki

peces de construcció

xo tlanga xa vana

ninot d'acció

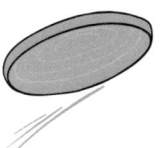

swiambalo swa nwana

granota

Frisbee

frisbee

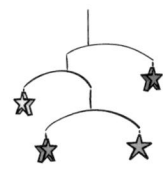

mobile

mòbil per a bressol

ntlango wa le bodweni

joc de taula

dayisi

daus

xitimela xo tlanga

tren elèctric

xo tlangisa vana

xumet

nkhuvo

festa

buku ya swifaniso

llibre de dibuixos

bolo

pilota

xipopana

nina

tlanga

jugar

khele ra sava

sorrera

muchinginya

gronxador

swilo swo tlangisa

joguines

mintlango ya vhidiyo

consola de jocs de vídeo

xithuthuthu xa mivhilwa
manharhu

tricicle

tibere to tlangisa

osset de peluix

wadirobo

armari

swiambalo

roba

masokisi

mitjons

masokisi

mitges

buruku byo tlimba

mitja pantaló

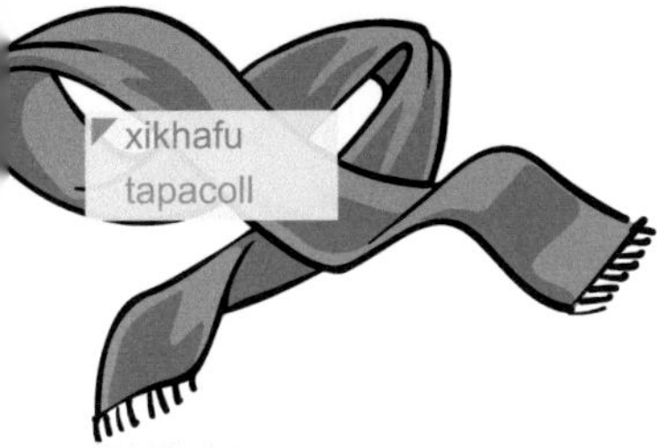

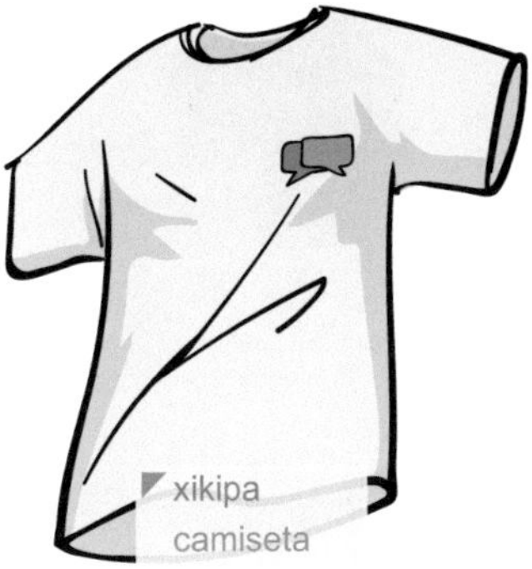

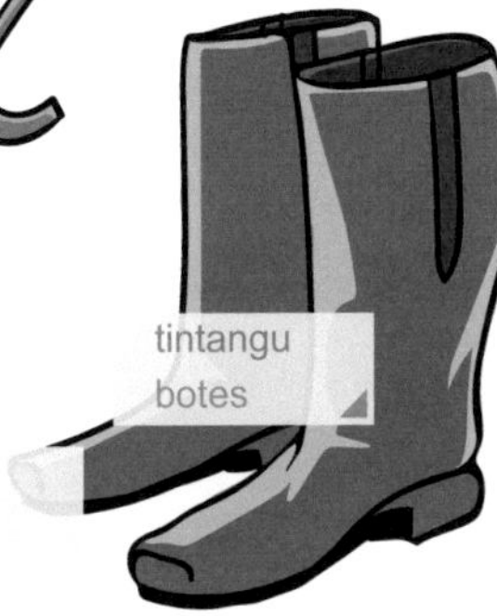

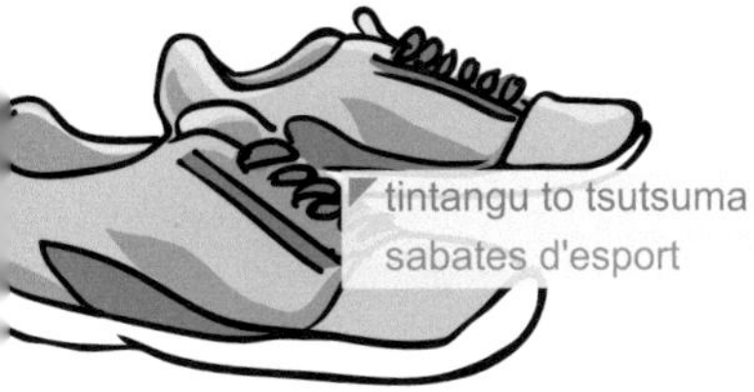

xikhafu
tapacoll

bandhi
cintura

ambulele
paraigua

xikipa
camiseta

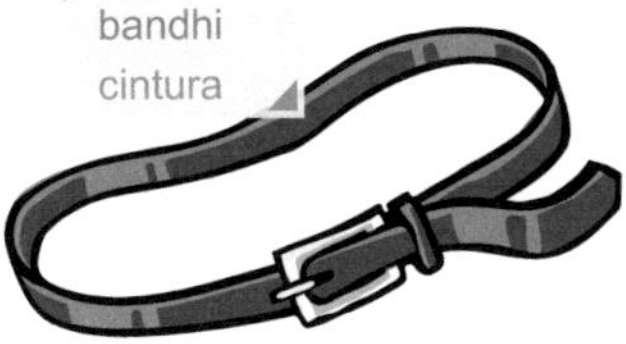

tintangu
botes

tintangu to tsutsuma
sabates d'esport

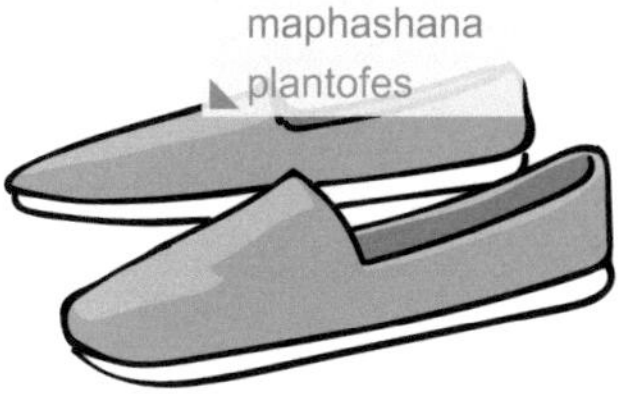

maphashana
plantofes

maphashana
....
sandàlies

tintangu
....
sabates

majombo ya raba
....
botes de goma

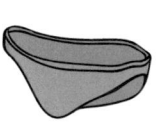

maburuko ya le ndzeni
....
calçonets

bodi
....
sostenidor

xikipa xa le ndzeni
....
guardapits

miri

jjustacòs

maburuko

pantalons

bokati

jeans

xiketi

faldeta

bulawusi

brusa

hembe

camisa

jesi

jersei

jazi ro fingeneta nhloko

dessuadora

buleyizara

blazer

baji

jaqueta

nghuvo

mantell

jazi rampfula

impermeable

swiambalo

vestit de dona

swiambalo

vestit de dona

rhoko ya mucato

vestit de núvia

sudu

vestit d'home

xiambalo xo etlela

camisa de dormir

swi ambalo swo etlela

pijama

sari

sari

xikhafu

mocador de cap

duku

turbant

burqa

burca

swi ambalo

caftan

abaya

abaia

swiambalo swo hlambela

vestit de bany

maburuko ya le ndzeni

calçon(et)s de bany

buruku ro koma

pantalons curts

tracksuit

xandall

fasikoti

davantal

maglilavhu

guants

kunupu

botó

manghilazi ya mahlo

ulleres

sindza

braçalet

vuhlalu

collaret

xingwaxila

anell

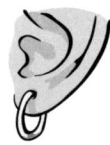

vo sasekisa tindleve

orellera

kepisi

casquet

hangara ya nghuvo

penjador

xigqoko

capell

thayi

corbata

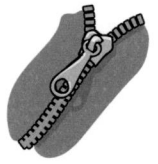

zipi

cremallera

xihuku

casc

minxongotelo

elàstics

swiambalo swa xikolo

uniforme escolar

yunifomo

uniforme

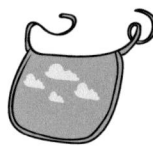

bibi

pitet

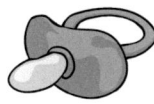

xo tlangisa vana

xumet

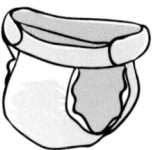

leyiri

bolquer

hofisi

oficina

server
servidor
khabodo yo beka tifayili
armari arxivador
muchini wa ku kandziyisa
impressora
xikirini
monitor
papila
paper
mouse
ratolí
tafola
escriptori
xilo xo veka swiphephana
arxivador
keyboard
teclat
xitulo
cadira
xikotela xo lahla maphepha
paperera
khompyuta
ordinador

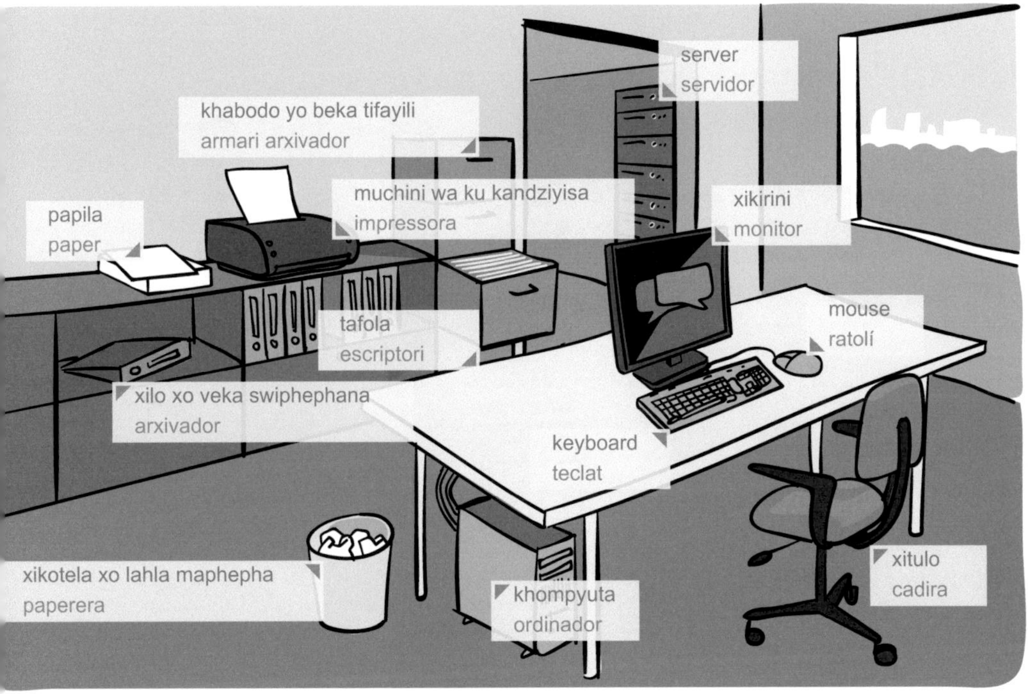

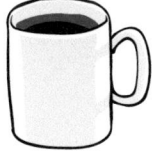

bikiri ra kofi

tassa de cafè

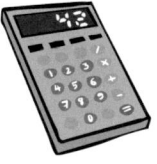

muchini wo hlaya

calculadora

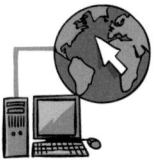

internet

Internet

laptop

ordinador portàtil

papila

lletra

rungula

missatge

foni

mòbil

network

xarxa

muchini wo endla tikopi

fotocopiadora

progreme ya khompyuta

programari

riqingho

telèfon

pulagi ya gezi

presa de corrent

muchini wo rhumela rungula

fax

fomo

formulari

papila

document

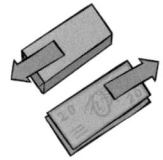

xava

comprar

hakela

pagar

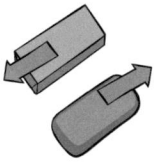

xavisa

comerciar

mali

diners

 USD

dolara

dòlar

 EUR

euro

euro

JPY

yen

ien

RUB

rouble

ruble

CHF

Swiss franc

franc suís

CNY

renminb yuan

renminbi

INR

rupee

rupia

muchini wa mali

caixa automàtica

ndhawu yo cinca mali

oficina de canvi

nsuku

or

silivhere

argent

mafurha

petroli

matimba

energia

hakelo

preu

ntwanano

contracte

xibalo

impost

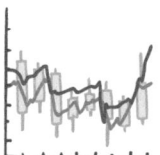

nundzu ya timali

acció

tirha

treballar

mutirhi

treballador

mothorhi

empresari

fektri

fàbrica

xitolo

botiga

mintirho
oficis

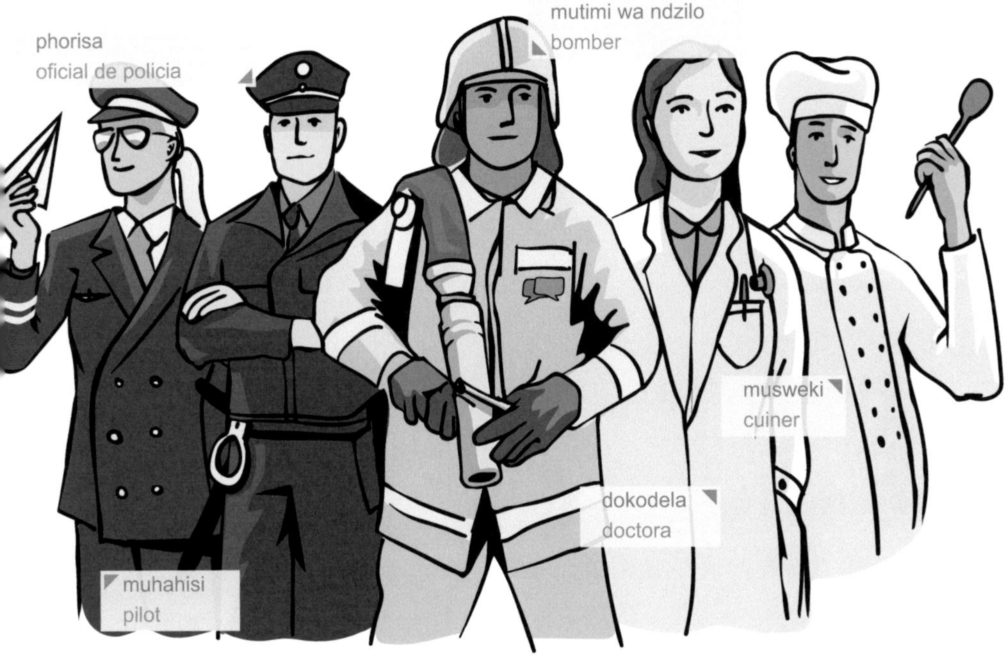
phorisa
oficial de policia
mutimi wa ndzilo
bomber
musweki
cuiner
dokodela
doctora
muhahisi
pilot

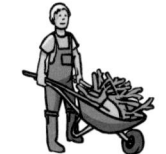

muhlayi wa ntanga

jardiner

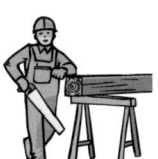

muvatli

fuster

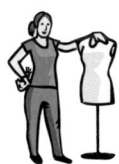

murungi

costurera

muavanyisi

jutge

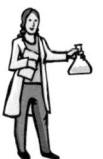

xitshunguri

química

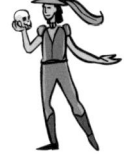

mutlangi

actor

muchaeri wa tibazi

conductor d'autobús

muchayeri wa thekisi

taxista

muphasi wa tinhlampfi

pescador

wansati wa ku basisa

dona de la neteja

mufuleri

ensostrador

muphameri

cambrer

muhloti

caçador

mupendi

pintor

mubaki

forner

mutivi wagezi

electricista

muaki

obrer de la construcció

munjiniyara

enginyer

muxavisi wa nyama

carnisser

muplambara

llanterner

muheleketi wa poso

correu

socha

soldat

mumpfampfarhuti

arquitecte

muamukeli wa timali

caixera

muxavisi wa swiluva

florista

mululamisi wa misisi

perruquer

mufambisi

revisor

munhu wo lungisa timovha

mecànic

mulawuri

capità

dokotela wa matinho

dentista

mutivi wa sayensi

científic

mufundisi

rabí

murhangeri

imam

nghwendza

monjo

mfundisi

capellà

switirhisiwa

eines

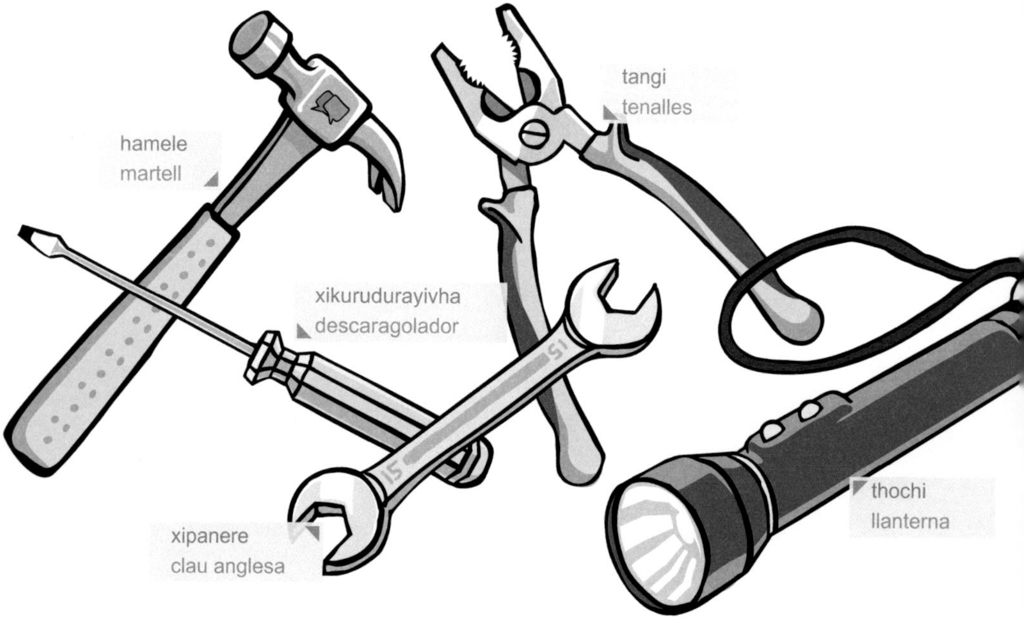

tangi
tenalles
hamele
martell
xikurudurayivha
descaragolador
thochi
llanterna
xipanere
clau anglesa

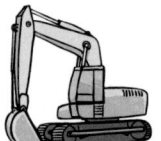

muchini wo cela

excavadora

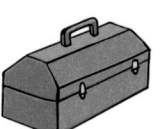

bokisi ra switirhisiwa

caixa d'eines

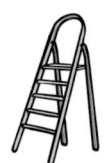

xitepisi

escala

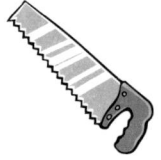

saha

serra

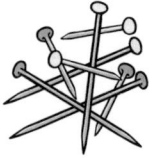

swipikiri

claus

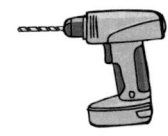

muchini wo boxa

trepant

lunghisa

reparar

foxolo

pala

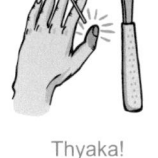

Thyaka!

Maleït siga!

nchumu wo susa ritshuri

pala

mbita ya pende

pot de pintura

bawuti

caragols

swichayachayana
instrument de música

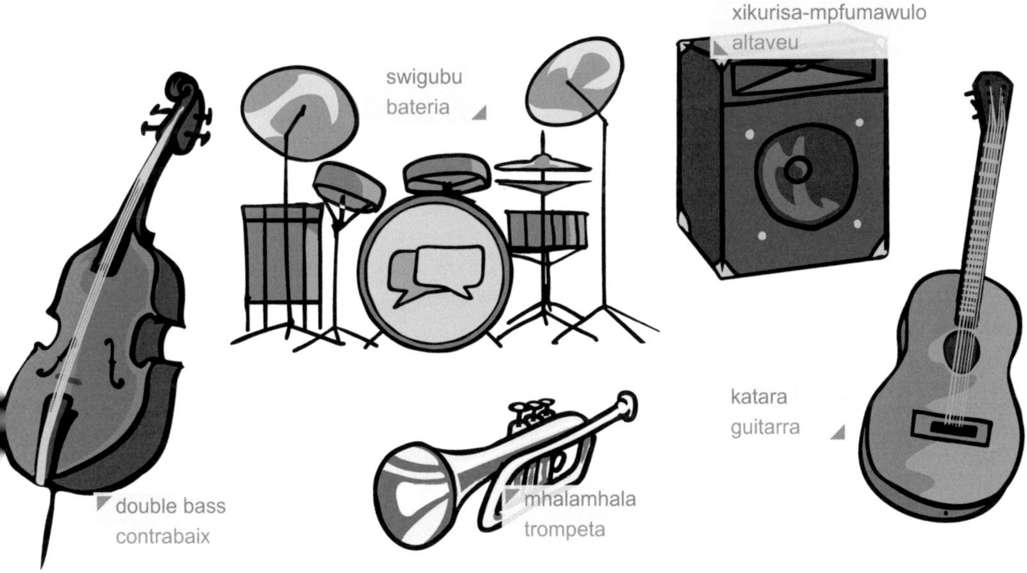

swigubu
bateria

xikurisa-mpfumawulo
altaveu

double bass
contrabaix

mhalamhala
trompeta

katara
guitarra

piyano

piano

violin

violí

bass

baix

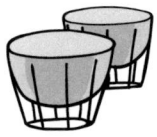

timpani

timbal

xigubu

tambor

keyboard

teclat

saxophone

saxofon

xitiringo

flauta

xikurisa-marito

micròfon

ntanga wa swiharhi

zoo

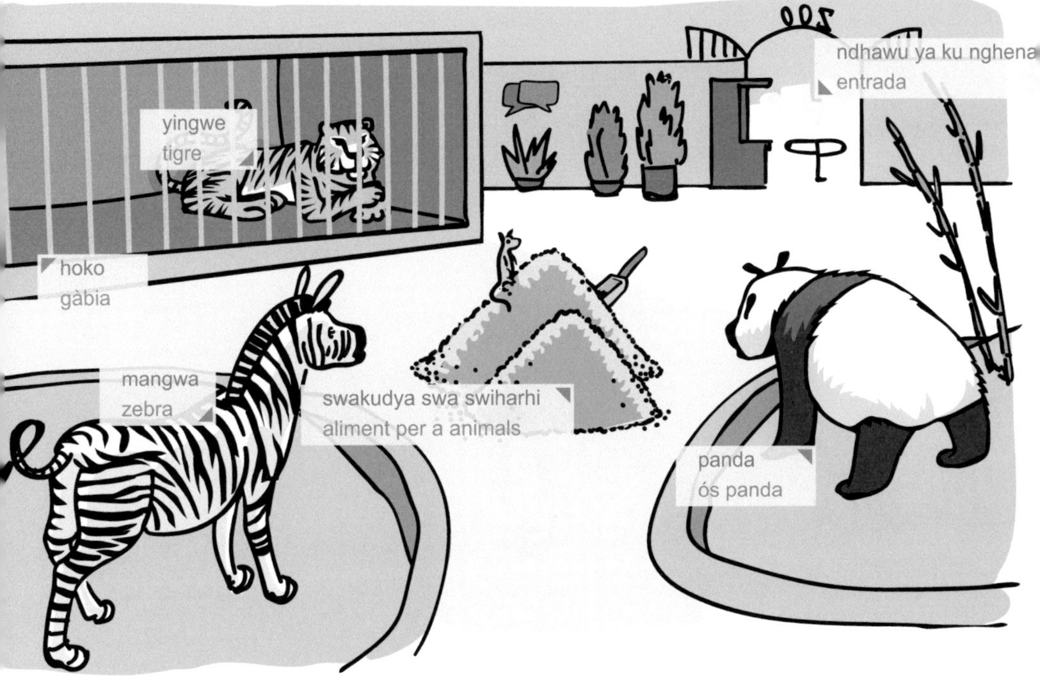
ndhawu ya ku nghena
entrada
yingwe
tigre
hoko
gàbia
mangwa
zebra
swakudya swa swiharhi
aliment per a animals
panda
ós panda

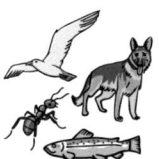

swiharhi

animals

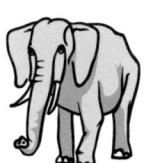

ndlopfu

elefant

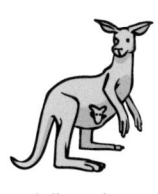

xinjhenghwe

cangurú

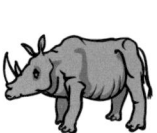

mhelembe

rinoceront

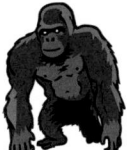

gorila

goril·la

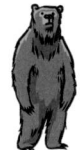

bere

ós

kamela

camell

yintsha

estruç

nghala

lleó

nkawu

simi

flamingo

flamenc

hokwe

papagai

bere

ós polar

penguin

pingüí

shaka

ca mari

hanti

paó

nyoka

serp

ngwenya

cocodril

muhlayisi wa mintanga ya
swiharhi

guardià del zoo

seal

foca

jaguar

jaguar

hanci

poni

yingwe

lleopard

mpfuvu

hipopòtam

nhutlwa

girafa

gama

àliga

ngluve ya nhova

senglar

hlampfi

peix

mfutsu

tortuga

nyimpfu ya le lwandle

morsa

mhungubye

guineu

mhala

gasela

bolo ya le Amerika
futbol americà

kufamba hi xi kanyakanya
ciclisme

tennis
tenis

basketball
bàsquet

kuhlambela
natació

khororo ya le ayisini
hoquei sobre gel

ntlango wa ku bana
boxa

bolo
futbol americà

badminton
bàdminton

mintlango
atletisme

bolo ya mavoko
handbol

kureta e gambokweni
esquí

polo
polo

mintirho
activitats

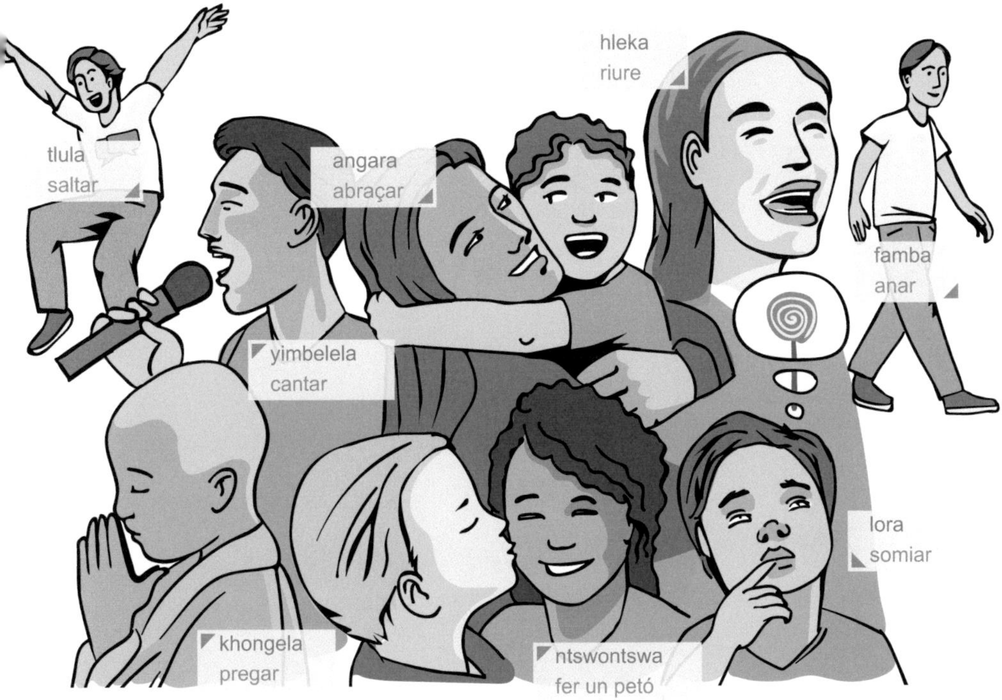
tlula
saltar
angara
abraçar
hleka
riure
famba
anar
yimbelela
cantar
lora
somiar
khongela
pregar
ntswontswa
fer un petó

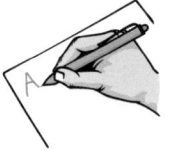

tsala
escriure

dirowa
dibuixar

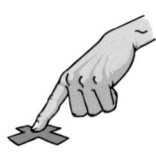

komba
mostrar

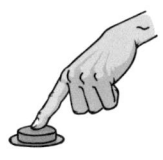

dlidlimeta
pitjar

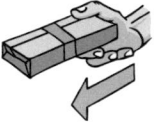

nyika
donar

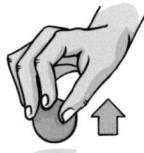

teka
prendre

yi va

tenir

endla

fer

ku va

ésser

yima

estar dret

tsutsuma

córrer

koka

estirar

lahlela

llançar

wana

caure

hemba

jeure

rindza

esperar

rhwala

portar

tshama

asseure's

ambala

vestir-se

tlela

dormir

pfuka

despertar-se

languta

mirar

rila

plorar

bana

amoixar

kama

pentinar

vulavula

parlar

twisisa

comprendre

vutisa

demanar

yingisa

escoltar

nwana

beure

dyana

menjar

basisa

endreçar

randza

estimar

sweka

cuinar

chayela

conduir

haha

volar

tluta

navegar

hlaya

calcular

hlaya

llegir

hlaya

aprendre

tirha

treballar

teka

casar-se

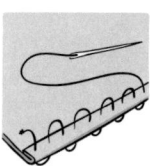

rhunga

cosir

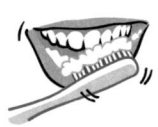

kuhlamba meno

raspallar-se les dents

dlaya

matar

dzaha

fumar

rhumela

enviar

ndyanghu
família

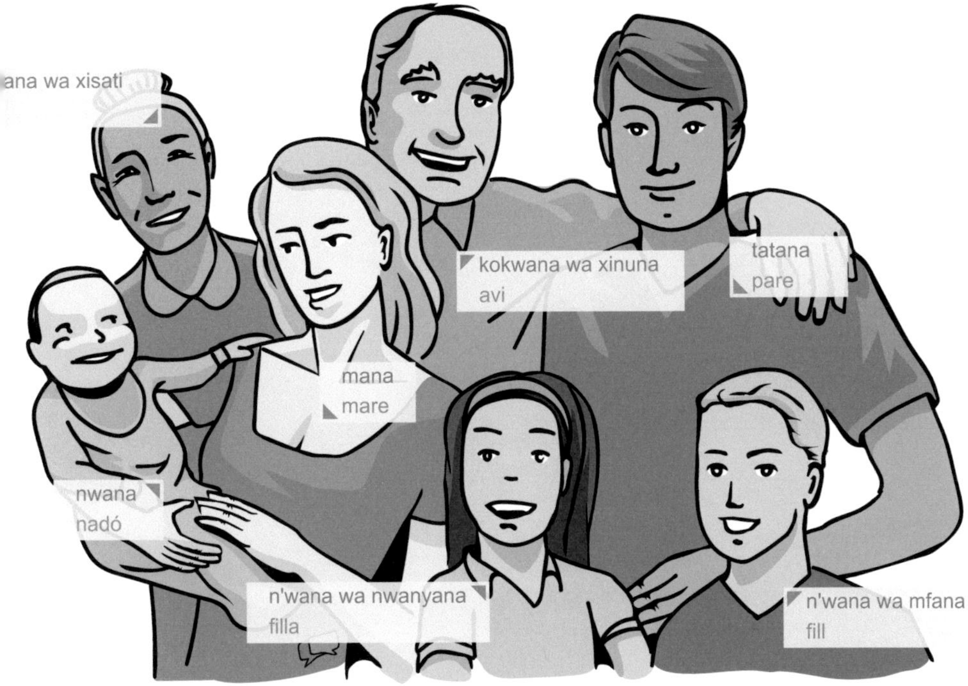

ana wa xisati
kokwana wa xinuna
avi
tatana
pare
mana
mare
nwana
nadó
n'wana wa nwanyana
filla
n'wana wa mfana
fill

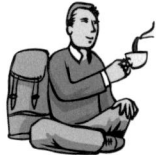

muendzi

convidat

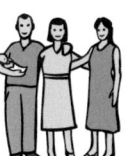

hahani

tia

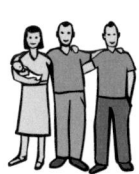

malume

oncle

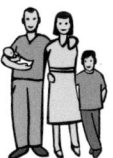

makwerhu

germà

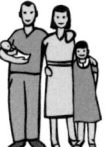

makwrhu

germana

mombo
front

tihlo
ull

katla
espatlla

ritiho
dit

xikandza
cara

xilebvu
barbeta

voko
mà

katla
espatlla

bele
pit

nenge
cama

voko
braç

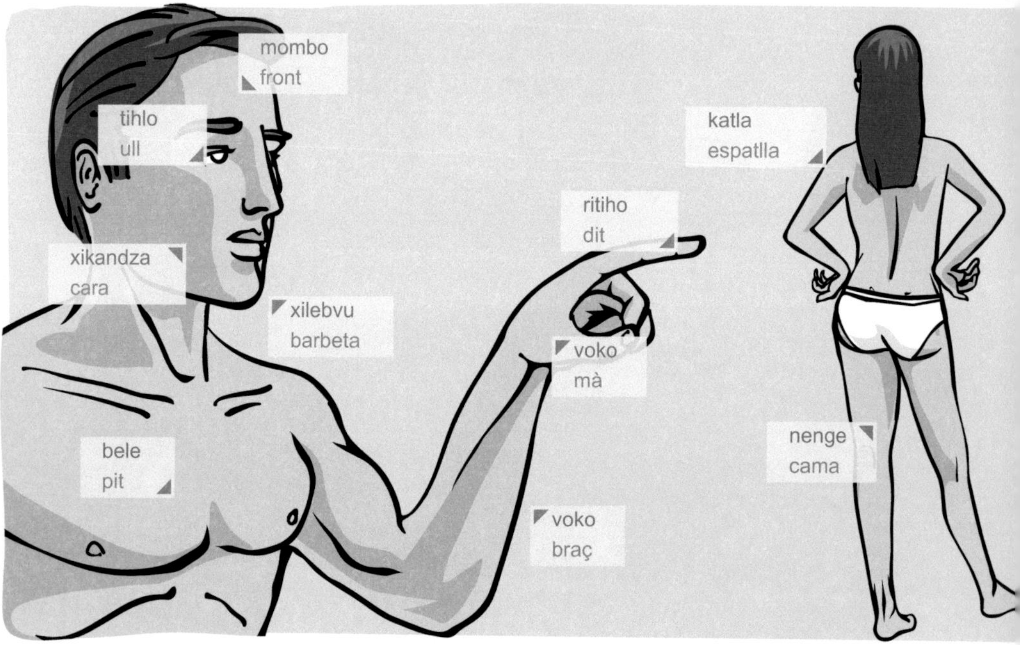

nwana

nadó

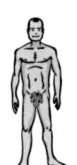

n'wanuna

home

nw'ansati

dona

nhwanyana

noia

mfana

noi

nhloko

cap

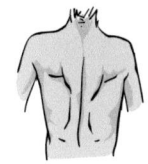

nhlana
esquena

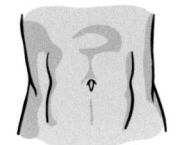

khwiri
panxa

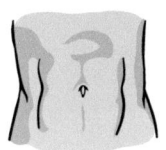

nkava
melic

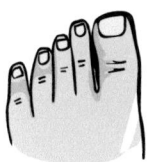

xikunwani
dit gros del peu

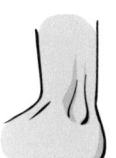

xirhenze
taló

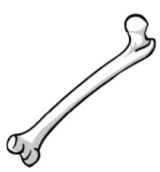

rhambu
os

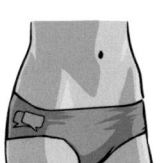

nyonga
maluc

tsolo
genoll

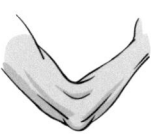

xikokola
colze

nompfu
nas

xisuti
cul

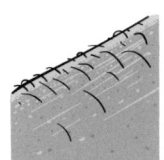

nhlonge
pell

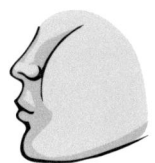

rhama
galta

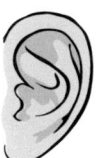

ndlebe
orella

nomu
llavi

nomu

boca

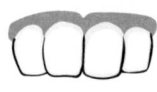

tinyo

dent

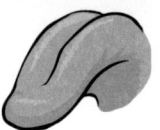

ririmi

llengua

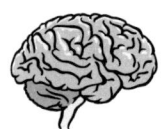

byongo

cervell

mbilu

cor

nsiha

múscul

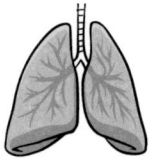

hahu

pulmó

vixindzi

fetge

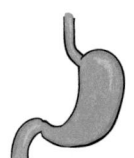

khwiri

estómac

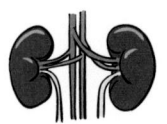

tinso

ronyó

masangu

relació sexual

khondomu

preservatiu

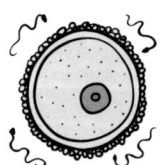

tandza

ovari

mbewu ya vununa

semen

nyimba

prenyat

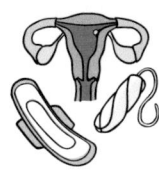

kuya enkarhini

menstruació

muhocho

vagina

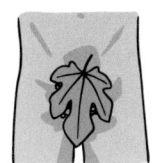

xiluma

penis

tinxiyi

cella

misisi

cabells

nhamu

coll

xibedlhele
hospital

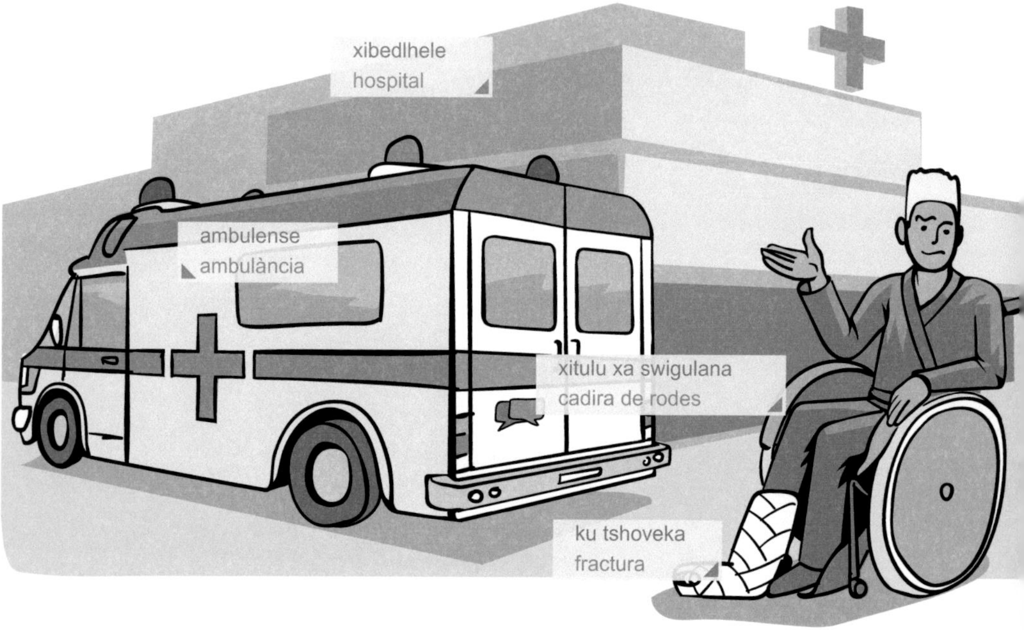

xibedlhele
hospital
ambulense
ambulància
xitulu xa swigulana
cadira de rodes
ku tshoveka
fractura

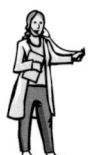

dokodela

doctora

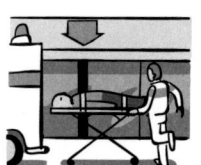

kamara ra xilamulela-mhango

sala d'urgències

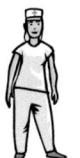

muongori

infermera

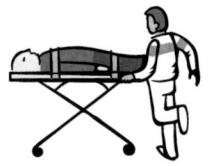

xihatla

urgència

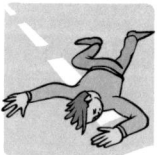

ku titivala

inconscient

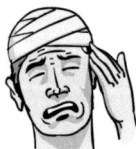

kuvava

dolor

ku vaviseka

ferida

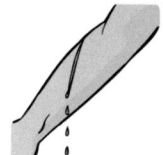

mpfempfa ngati

sagnament

ku hlaseriwa himbilu

atac de cor

ku oma swirho

apoplexia

rinyenyo

al·lèrgia

khohlola

tos

xifumbu

febre

mukhuhlwana

gripa

nchuluko

diarrea

ku pandza ka nhloko

mal de cap

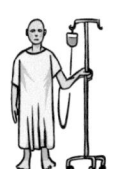

khensa

càncer

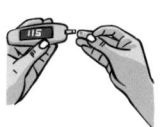

chukela

diabetis

dokodela

cirurgià

mukwana

escalpel

vuhandzuri

operació

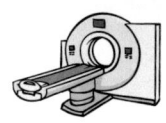

CT

tomografia computada (TC), TAC

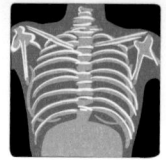

x-rheyi

raigs x

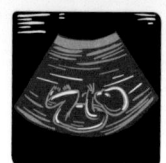

muchini wo yingisela ntshuka-ntshuko

ultrasò

xo tipfala tinhomfu

mascareta

vuvabyi

malaltia

kamara ro rindza

sala d'espera

nhonga

crossa

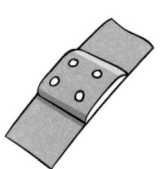

semendhe

tireta

bandhichi

embenat

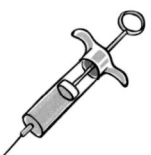

neleta

injecció

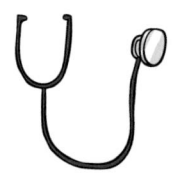

muchini wa madokodela wa ku yingisa

estetoscopi

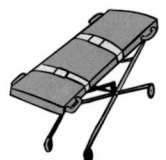

rihlaka

llitera

xipima-mahiselo

termòmetre clínic

ku veleka

pariment

ku nyuhela

sobrepès

swipfuneta-ku-twa

aparell auditiu

khemikhale yo dlaya
switsongwatsongwana

desinfectant

switsongwatsongwana

infecció

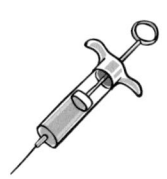

xitsongwatsongwana

virus

HIV / AIDS

VIH / SIDA

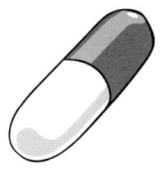

miri

medicina

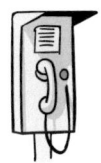

nayiti

vaccí

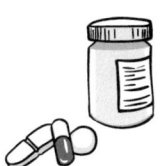

maphilisi

comprimits

pilisi

píl·lola

riqingho ra xihatla

trucada d'urgència

muchini wo kamba
nsusumeto wa ngati

tensiòmetre

vabya / hanya

malalt / sà

Pfunani!

Socors!

bele

alarma

ku hlaseriwa

assalt

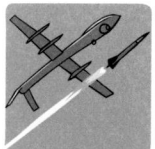

hlasela

atac

khombo

perill

nyangwa wo huma loko ku ri ni mhango

sortida-eixida d'urgència

Ndzilo!

Foc!

xo tima ndzilo

extintor

mhangu

accident

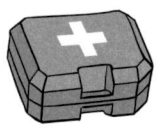

bokisi ra xilamulela-mhango

farmaciola de primers auxilis

SOS

SOS

phorisa

policia

Yuropa

Europa

Amerika N'walungu

Amèrica del Nord

Amerika Dzonga

Amèrica del Sud

Afrika

Àfrica

Asia

Àsia

Australia

Austràlia

Atlantic

Atlàntic

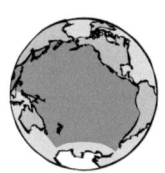

Pacific

Pacífic

Lwandle-nkulu ra Indiya

Oceà Índic

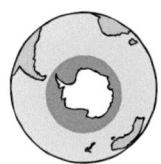

Lwandle-nkulu ra Antarctic

Oceà Antàrtic

Lwandle-nkulu ra Arctic

Oceà Àrtic

North Pole

pol nord

South Pole
pol sud

Antarctica
Antàrtida

Misava
terra

tiko
país

lwandle
mar

xihlala
illa

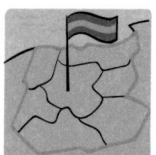

rixaka
nació

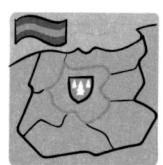

tiko
estat

xikomba nkarhi

quadrant

xikomba-tiawara

agulla de les hores

xikomba-timineti

agulla dels minuts

xikomba-tisekoni

agulla dels segons

I nkarhi muni?

Quina hora és?

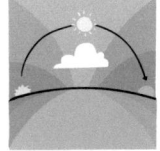

siku

dia

nkarhi

temps

sweswi

ara

wachi leyi tshavatelaka

rellotge digital

minete

minut

awara

hora

viki

setmana

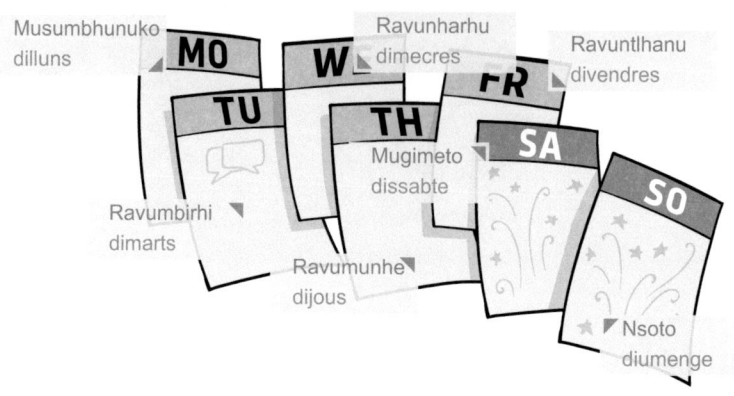

Musumbhunuko dilluns **MO**

TU Ravumbirhi dimarts

W Ravunharhu dimecres

TH Mugimeto dissabte

Ravumunhe dijous

FR Ravuntlhanu divendres

SA

SO Nsoto diumenge

tolo
....
ahir

namuntlha
....
avui

mundzuku
....
demà

mixo
....
matí

nhlekani
....
migdia

madyambu
....
tarda

MO	TU	WE	TH	FR	SA	SU
1	2	3	4	5	6	7
8	9	10	11	12	13	14
15	16	17	18	19	20	21
22	23	24	25	26	27	28
29	30	31	1	2	3	4

masiku ya ntirho
....
dia feiner

MO	TU	WE	TH	FR	SA	SU
1	2	3	4	5	6	7
8	9	10	11	12	13	14
15	16	17	18	19	20	21
22	23	24	25	26	27	28
29	30	31	1	2	3	4

mahelo vhiki
....
cap de setmana

mfpula
pluja

nkwangulatilo
arc de Sant Martí

moya
vent

gamboko
neu

xumun'wana
primavera

xixikana
tardor

ximumu
estiu

xixika
hivern

4.APRIL	11°	☀
5.APRIL	4°	🌧
6.APRIL	13°	🌧
7.APRIL	8°	☀
8.APRIL	10°	☀

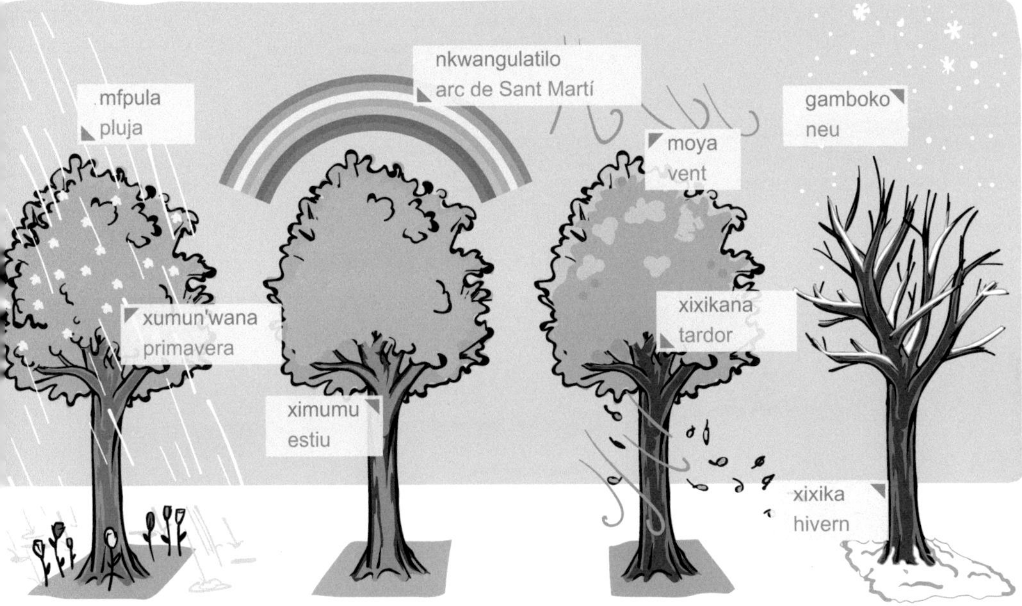

vumbha tamaxelo

pronòstic del temps

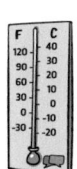

xipima-mahiselo

termòmetre

dyambu

llum del sol

papa

núvol

hunguva

boira

kutsakama

humiditat de l'aire

rihati

llamp

dzindza-tilo

tro

xidzedze

tempesta

xihangu

calamarsa

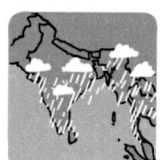

mpfula

monsó

ndhambi

inundació

ayisi

gel

Sunguti

gener

Nyenyenyana

febrer

Nyenyankulu

març

Dzivamusoko

abril

Mudyaxihi

maig

Khotavuxika

juny

Mawuwani

juliol

Mhawuri

agost

Ndzhati
....
setembre

Nhlangula
....
octubre

Hukuri
....
novembre

N'wendzamhala
....
desembre

swivumbeko
formes

xirendzevutana
....
cercle

xikwere
....
quadrat

matlhelo ya mune
....
rectangle

xivunguvungu xa tintlha
tinharhu
....
triangle

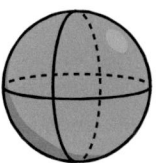

bolo
....
esfera

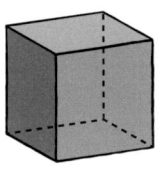

cube
....
cub

basa

blanc

xitshopana

groc

lamula

taronja

tshwukanyana

rosa

tshwuka

vermell

xigunguvungu

lila

wasi

blau

rihlaza

verd

buraweni

marró

mpunga

gris

ntima

negre

swo tala / swi tsongo

molt / poc

hlundzukile / rhurile

emprenyat / tranquil

sasekile / bihile

bonic / lleig

masungulo / makumo

començament / fi

kulu / tsongo

gran / petit

vangama / munyama

clar / fosc

buti / sesi

germà / germana

basile / chakile

net / brut

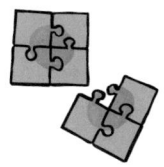

helerile / helelangiki

complet / incomplet

siku / vusiku

dia / nit

file / hanyaka

mort / viu

pfulekile / pfalekile

ample / estret

swa dyiwa / a swi dyiwi

comestible / immenjable

homboloka / lunghile

dolent / amable

tsakile / phirekile

entusiasmat / entediat

nyuhela / lala

gros / prim

masungulo / makumo

primer / darrer

mungana / nala

amic / enemic

tele / hava

ple / buit

tiyile / olova

dur / tou

tika / vevuka

pesant / lleuger

ndlala / torha

gana / set

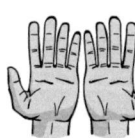

vabya / hanya

malalt / sà

swi ngariki enawini / enawini

il·legal / legal

tlharihile / xiphukuphuku

intel·ligent / ximple

ximati / xinene

esquerra / dreta

akusuhi / kule

prop / llunyà

yintshwa / tirhisiwile

nou / usat

hava / xin'wana

res / quelcom

dyuharile / muntshwa

vell / jove

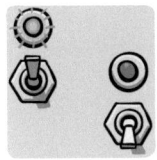

xarirha / xitimile

encès / apagat

pfurile / pfariwile

obert / tancat

myerile / huwa

silenciós / sorollós

fuwile / xisiwana

ric / pobre

swinene / bihile

correcte / incorrecte

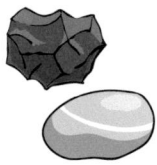

khwasha / reta

aspre / suau

vaviseka / tsaka

trist / content

koma / leha

curt / llarg

hlwela / hatlisa

lent / ràpid

tsakama / oma

humit / sec - eixut

kufumela / titimela

calent / fred

nyimpi / kurhula

guerra / pau

0

noto

zero

1

n'we

u

2

mbirhi

dos

3

nharhu

tres

4

mune

quatre

5

ntlhanu

cinc

6

ntsevu

sis

7

nkombo

set

8

nhungu

vuit

9

nkaye

nou

10

khume

deu

11

khume n'we

onze

12

khume mbirhi

dotze

13

khume nharhu

tretze

14

khume mune

catorze

15

khume ntlhanu

quinze

16

khume ntsevu

setze

17

khumbe nkombo

disset

18

khume nhungu

divuit

19

khume nkaye

dinou

20

makhume mambirhi

vint

100

dzana

cent

1.000

gidi

mil

1.000.000

gidi ya magidi

milió

Xinghezi

anglès

Xinghezi xa Amerika

anglès americà

Xichayina xa Mandarin

xinès mandarí

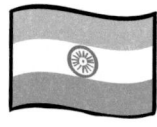

Xihindi

hindi

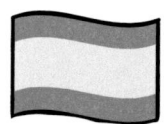

Xipaniya

espanyol

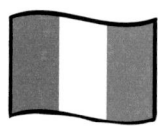

Xifurwa

francès

Xiarabu

àrab

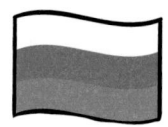

Xirhaxiya

rus

Xiputukezi

portuguès

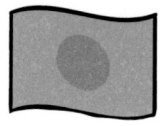

Xibengali

bengalí

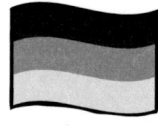

Xijarimani

alemany

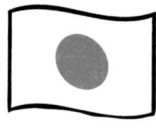

Xijapani

japonès

mina

jo

wena

tu

yena / yena / xona

ell / ella / allò

hina

nosaltres

n'wina

vosaltres

vona

ells

mani?

qui?

yini?

què?

njhani?

com?

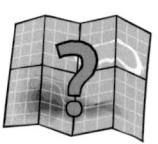

kwihi?

on?

rhini?

quan?

vito

nom

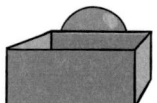

endzaku

darrere

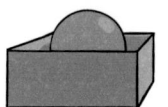

ahehla

en

emahlweni a

davant de

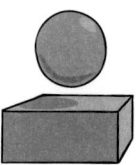

ahenhla ka

damunt

eka

sobre

ehansi

sota

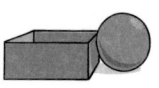

handle ka

al costat

exikarhi ka

entre

ndhawu

lloc